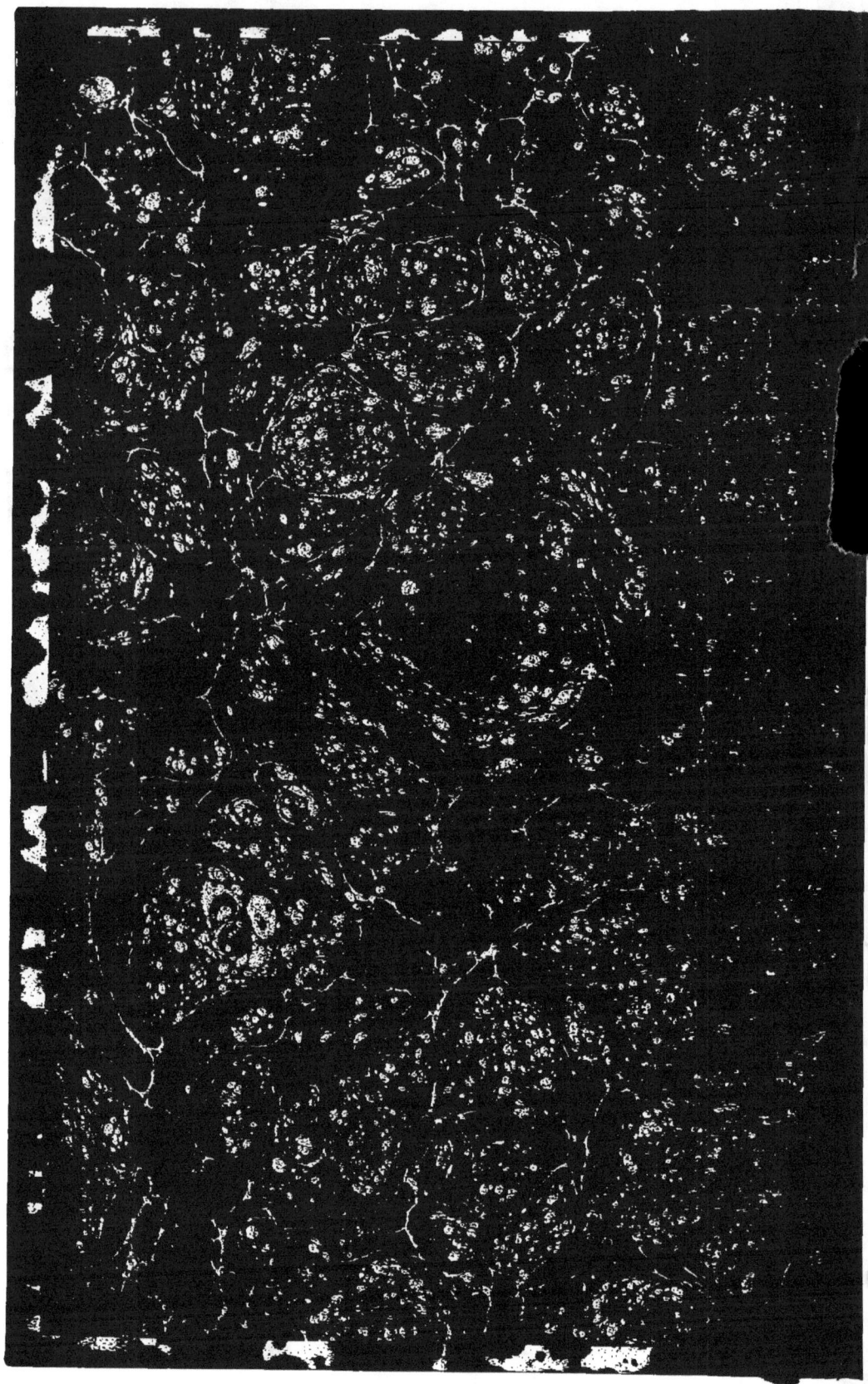

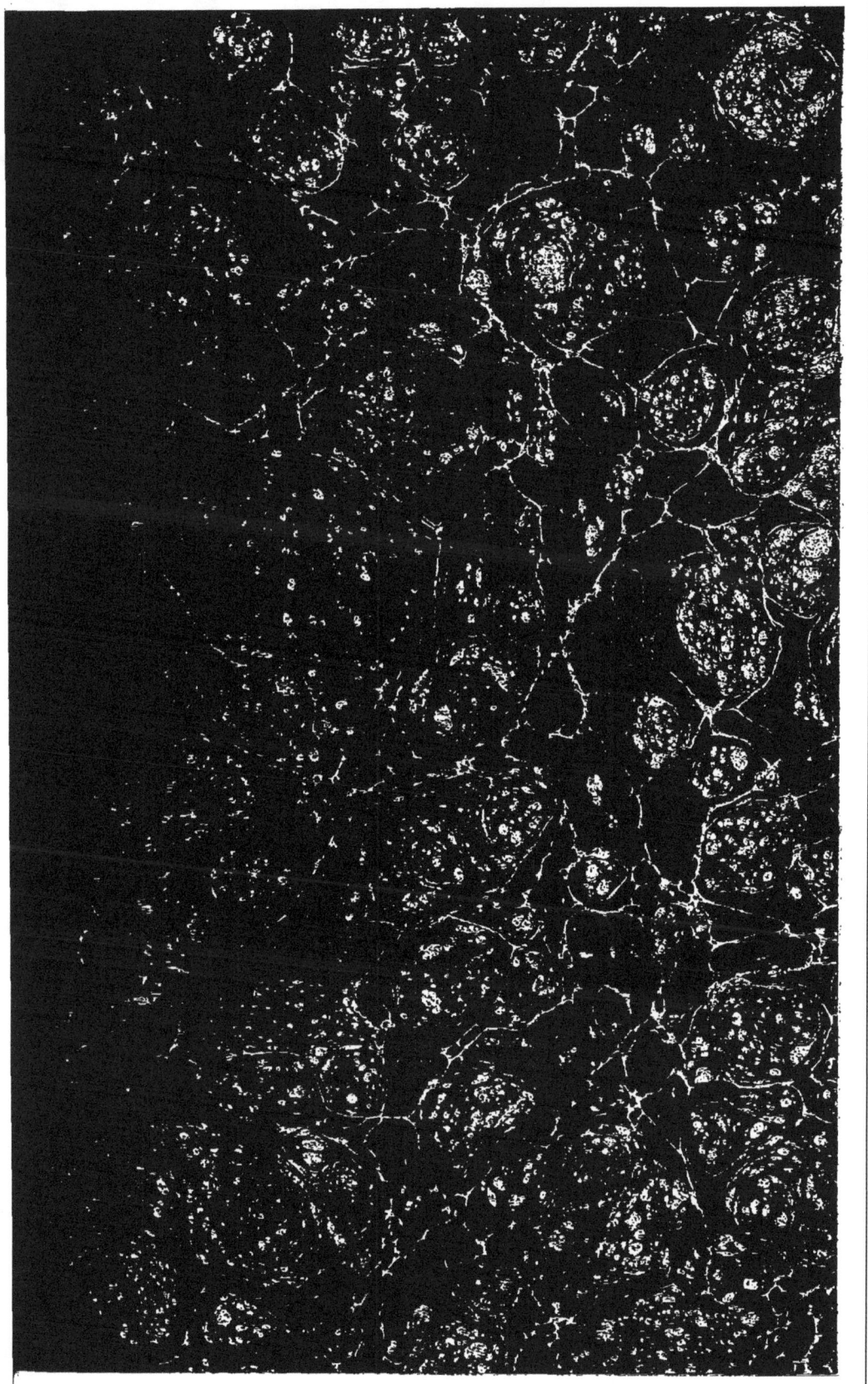

F

TRAITÉ

DE L'USUFRUIT,

DE L'USAGE, ET DE L'HABITATION.

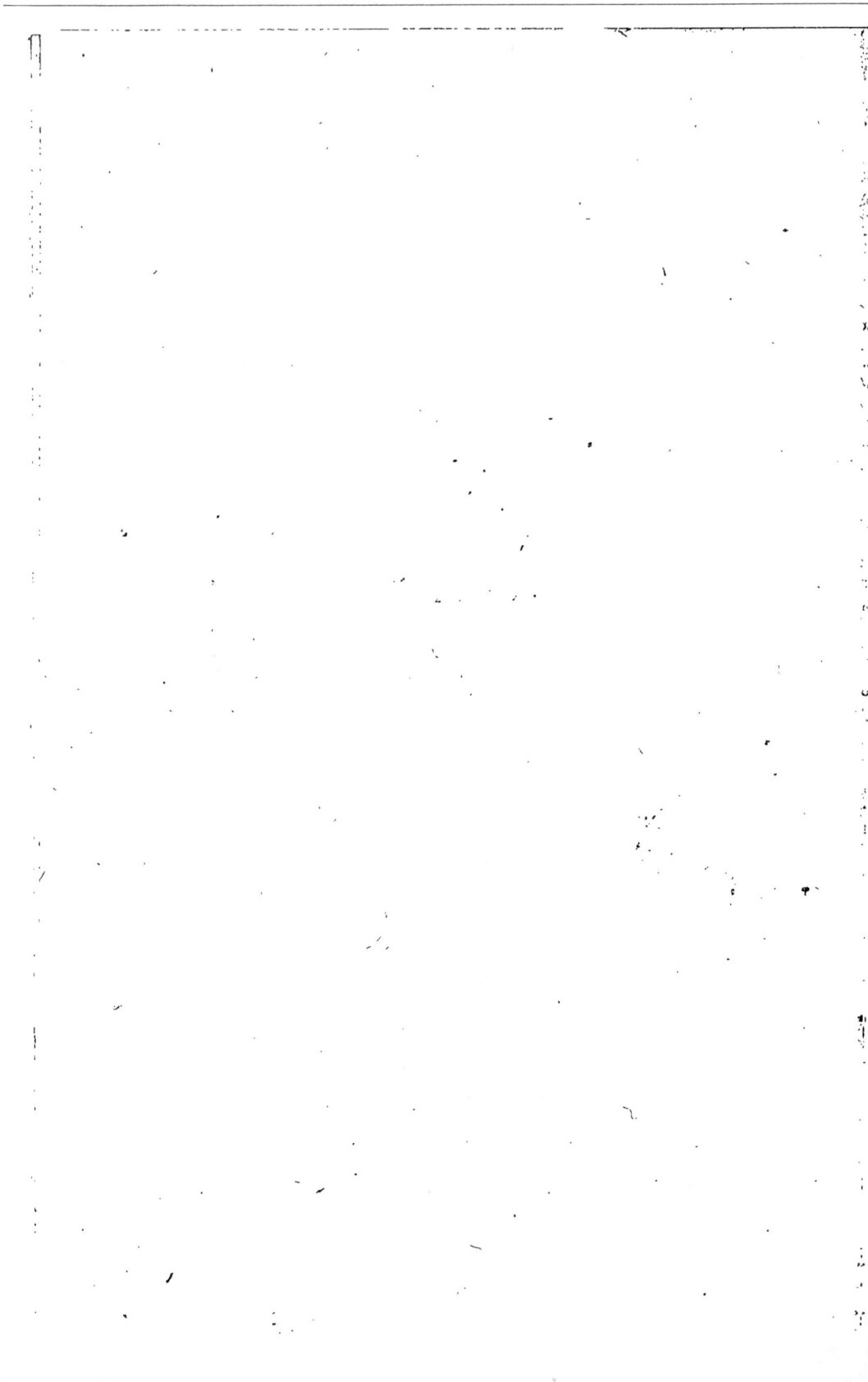

TRAITÉ
DE L'USUFRUIT,
DE
L'USAGE, ET DE L'HABITATION,

Par M. SALVIAT,

AUTEUR DE LA JURISPRUDENCE DU PARLEMENT DE BOR-
DEAUX, CONSEILLER A LA COUR ROYALE DE LIMOGES,
CI-DEVANT CONSEILLER AU GRAND CONSEIL, ET ANCIEN
MEMBRE DE PLUSIEURS COMPAGNIES LITTÉRAIRES ET
AGRICOLES.

TOME SECOND.

A LIMOGES,

Chez J.-B. BARGEAS, Imprimeur-Libraire,

& se trouve A PARIS,

Chez HACQUART, Imprimeur-Libraire, rue Gît-le-Cœur, n. 8.

1816.

TRAITÉ

DE L'USUFRUIT,

DE L'USAGE ET DE L'HABITATION.

TROISIÈME DIVISION.

De l'extinction de l'Usufruit.

ART. 120. N.º 1. Il a été dit, division première, § 5, que l'usufruit ne peut pas être perpétuel, mais seulement temporaire, afin que la propriété ne fût pas réduite à un titre imaginaire qui ne serait qu'onéreux. J'y ai rapporté la décision des Instituts et de la loi *omnium*, *D*; son extinction a donc lieu après un certain espace de temps.

N.º 2. L'effet de cette extinction est de réunir les fruits avec la propriété, qui de nue qu'elle était, se convertit en pleine propriété. *Cùm autem finitus fuerit ususfructus, totus revertitur ad proprie- tatem, et ex eo tempore nûdœ proprietatis dominus incipit plenam in re habere potestatem.* Inst. liv. 2, tit. 4, § 4. La loi *si patri* 3, *cod. de usufr. et habit.*, dit également que l'usufruit étant éteint, les revenus retournent à la propriété. Voyez art. 132.

N.º 3. L'usufruit prend fin de deux manières principales, 1.º par le défaut de la personne qui en jouit; 2.º par le défaut de la chose usufruitée.

N.º 4. L'usufruit s'éteint de droit, en ce qui concerne la personne, d'après l'art. 617 du C. C., de quatre manières différentes; 1.º par la mort naturelle ou civile de l'usufruitier; 2.º par la consolidation ou la réunion sur la même tête des deux qualités d'usufruitier et de propriétaire; 3.º par le non usage du droit pendant un certain intervalle; 4.º par l'abus que fait l'usufruitier de la jouissance en dégradant directement ou indirectement, et par sa négligence à procéder aux réparations nécessaires. Dans ce dernier cas, l'extinction n'a pas lieu de droit, elle peut seulement l'avoir suivant les circonstances. Une partie de ces moyens est détaillée par le § *finitur* 3, du titre 4, livre 2, des Instituts.

N.º 5. Dans tous les cas susdits, excepté celui de la mort naturelle ou civile, la perte peut n'être que partielle. *Ususfructus et ab initio pro parte indivisâ vel divisâ constitui, et legitimo tempore similiter amitti... potest; l. ususfructus* 5, *D, de usufr. et quemadm. quis.* — *Placet vel certæ partis, vel pro indiviso usumfructum, non utendo, amitti;*

l. placet 25, *D*, *quib. mod. us. amitt.* On peut donc n'être privé que d'une partie et conserver l'autre.

Je vais parcourir successivement ces différentes causes d'extinction relatives à la personne ; je viendrai ensuite à celles qui sont relatives à la chose.

§. I.er

De la Mort naturelle et civile.

ART. 121. N.° 1. La mort naturelle anéantissant la personne, anéantit tout ce qui se rapporte à ladite personne et tout ce qui la regarde : par conséquent l'usufruit. Quoiqu'on n'eût pas besoin de lois pour le décider, on en trouve cependant plusieurs. *Morte quoque amitti usumfructum non recipit dubitationem, cùm jus fruendi morte extinguatur, sicuti si quid aliud quod personæ cohæret; l. sicut* 3, § *morte* 3, *D*, *quib. mod. us. amitt.* — *Finitur autem ususfructus morte usufructuarii;* Inst., liv. 2, tit. 4, § 3. Voyez encore la loi *si patri* 3, *cod. de usu et hab.* D'autres ne font qu'énoncer le principe comme étant certain, *cùm morte finiatur; l.* 8, *D, de annuis legatis.* — *Licèt jure civili morte et capitis diminutione ex personá legatarii pereat ususfructus; l. si quis* 29, *D, de usu et usuf. et red.* Voyez la loi 22 *eod. tit.*; les lois 3, 12, 14 et 16 *cod de usuf. et habit.* Il n'est donc pas de point de droit plus assuré que celui-ci, principalement depuis l'article 617 du C. C.

N.º 2. Quoique la durée de l'usufruit soit fixée à un temps précis, ou à l'événement d'une condition, si l'usufruitier meurt avant l'expiration du délai, ou l'arrivée de ladite condition, l'usufruit n'est pas moins éteint, ne se transmet pas à son héritier pour en jouir pendant le temps qui reste à s'écouler, mais se consolide sur-le-champ à la propriété. Telle est la décision formelle de la loi. *Tunc enim ad posteritatem ejus usumfructum transmitti non est penitùs possibile. Etenim morte usumfructum penitùs extingui juris indubitati sit; l. ambiguitatem* 12, *cod. de usufr. et habit.* Voyez encore le § *morte* 3, de la loi *sicut* 3, D, *quib. mod. usufr. amitt.* La loi du code *de cad. toll.* § *libertatibus* 6, Boyer, quest. 172, n. 29. Mais voyez le § 4 de cette division.

Il est si vrai que l'usufruit ne passe pas à l'héritier, que même la réserve de l'usufruit conventionnel que fait celui qui contracte par vente, donation, ou autrement, se borne à la vie du contractant. *Si quis ità stipulatus fuerit, uti frui sibi licere, ad hæredem ista stipulatio non pertinet; l. stipulatio ista* 38, § *si quis* 10, D, *de verb. obligat.* Il semble que le mot *sibi* exclut tout autre que le contractant, mais le § suivant explique qu'il en serait de même quand ce mot ne se trouverait pas dans le contrat. *Sed etsi non addiderit* SIBI, *non puto stipulationem de usufructu ad hæredem transire, eoque jure utimur.* Pour faire profiter dudit usufruit, l'héritier, il faut le stipuler nommément ; mais, malgré toutes stipulations, l'héritier au premier dégré sera le seul qui se ressentira de la prolongation, laquelle n'ira pas plus loin ; car comme il a été dit, l'usufruit doit trouver une fin. C'est ce que décide le § 12 ; *sed si quis uti frui licere sibi hæredique suo stipulatus sit, videamus an hæres ex stipulatu agere possit ? Et putem posse, licèt diversi sint fructus. Nàm, etsi ire agere stipuletur, sibi hæredique suo licere, idem probaverimus... nec ad hæredem hæredis pertinere possit; l. Sempronius 26, D, de usu et usufr. et red.*

Voici un autre exemple exposé par ladite loi *Sempronius*. Le testateur charge son héritier de remettre dans dix ans un immeuble à Titius, avec permission de retenir, lors de la remise, l'usufruit pour lui. Dans l'intervalle des dix ans, l'héritier vient à mourir. A l'expiration de ce délai, le bien en capital et revenu sera remis au légataire, sans que l'héritier de l'héritier mort puisse le réclamer. La réserve d'usufruit n'est censée faite qu'en faveur de l'héritier au premier dégré. Barry, des successions, liv. 9, tit. de l'usufruit, n. 48. Il est inutile d'examiner si la clause ne contient pas une substitution. Il suffit d'établir que l'usufruit ne passe pas de droit à l'héritier de l'héritier, comme il a été dit, à plusieurs reprises, dans le cours de cet ouvrage.

Catelan, liv. 2, chap. 50, rapporte un arrêt du

parlement de Toulouse, rendu le 29 août 1676, qui
a jugé que le legs des fruits et revenus d'un bien,
finissait, aussi bien que le legs d'usufruit, à la
mort du légataire. Betou père institue Laurent son
fils pour son héritier, et comme il était absent, il
donne les fruits à Jean son autre fils jusqu'au retour
de son frère. Jean meurt avant ce retour. Ses créanciers prétendaient jouir desdits fruits jusqu'au
retour effectif de Laurent; mais ils furent déboutés
de leurs prétentions; Laurent, quoique toujours
absent, les obtint pour lui.

N.º 3. L'usufruit expire avec l'usufruitier, quand
celui-ci est seul désigné; mais si un second doit
en être avantagé après lui, la mort du premier
ne peut en frustrer le second. *Si legatum usumfructum legatarius alii restituere rogatus est, id
agere prætor debet, ut ex fidei commissarii perso-
nâ magis quàm ex legatarii, pereat ususfructus;
l. si legatum 4, D, quib. mod. ususf. amitt.* On
trouve une disposition semblable dans la loi *si
quis* 29, *D, de usu et usufr.*

Cette transmission sur la tête d'un autre sera-t-
elle valable? Ne contient-elle pas une substitution
prohibée par le C. C.?

On a vu, art. 49, n. 3, que la charge imposée
à l'usufruitier de remettre l'usufruit à une personne, ne renfermait pas une substitution. La loi
qui fructus 25, *D, de usu et usuf. et red.*, s'ex-

prime ainsi : *qui fructus prædiorum uxori reliquit,*
post mortem ejus prædia cum reditibus ad hæredes
suos redire voluit, imperitiâ lapsus, nullum fidei
commissum dominus neque proprietatis, neque fruc-
tûs, ad eos reverti dedit. Etenim reditus futuri non
præteriti temporis demonstrati videbantur. A la vérité la loi ne suppose pas que l'usufruitier soit
nommément chargé de remettre; mais que le testateur lui en ait expressément donné la commission,
ou qu'il ait ordonné qu'après la fin de l'usufruit,
il passera sur la tête d'un autre, n'est-ce pas la
même raison de décider ?

En effet, quel est le but d'une substitution ? De
prolonger la propriété sur les personnes désignées,
de déranger l'ordre naturel des successions, de
l'intervertir, de rendre la propriété incertaine. La
transmission de l'usufruit ne produit pas de pareils
inconvéniens. La preuve que la loi n'entend parler
que de la propriété, se tire de la loi elle-même.
L'article 896 du C. C. pose pour caractère distinctif de la substitution, la charge de *conserver et*
rendre à un tiers. Mais l'usufruitier ne conserve
pas les fruits pour un tiers; il n'est pas tenu de
les rendre à un tiers. Il les garde pour lui, il les
consume. Je crois donc pouvoir avancer que le
legs d'usufruit dans la jouissance duquel on n'en-
trera qu'après la mort ou la jouissance d'un autre,
est bon et valable; que le second appelé le recueil-
lera à son tour, et que rien n'empêche qu'on ne

puisse le faire à deux personnes pour en jouir successivement ; je dis deux personnes, car il ne s'étend pas au-delà, et la consolidation à la propriété s'opérera après le décès de la seconde, ainsi que cela sera démontré dans un moment.

Les lois citées supposent que le premier usufruitier est chargé de remettre lui-même au second. Mais il ne peut pas l'être. On a vu *suprà* que c'est à l'héritier seul à en faire la délivrance. Ce n'est jamais par le canal de l'usufruitier que la transmission a lieu. La charge qui lui en serait imposée serait donc inutilement insérée dans l'acte. La jouissance de ce second usufruitier dépendrait-elle de la mauvaise rédaction de la disposition du testateur ? Si cela devait être, au lieu de charger de la remise le premier usufruitier, il n'aurait qu'à déclarer qu'il veut qu'après le décès d'un tel, tel autre entre en possession. Alors s'évanouirait toute idée de substitution provenant de ladite charge. Voilà le biais qu'il devra prendre pour plus grande sûreté, de crainte que l'ordre de remettre n'offusque. Voyez le n.º précédent.

La prétendue substitution serait compendieuse, lorsqu'elle serait conçue dans les termes qui la constituent : telle, par exemple, je donne l'usufruit à un tel si le premier usufruitier meurt sans enfans ; ou lorsqu'elle renfermerait quelqu'autre condition qui fît passer l'objet sur la tête d'une personne, quoiqu'une autre l'ait eu sur la sienne. Cette espèce de substitution existe toujours, dit Merlin, Répertoire de jurisprudence, page 288, tom. 12, troisième édition. Voyez dans les auteurs élémentaires ce qu'on entend par substitution compendieuse; avec cette réflexion qu'elle serait nulle aujourd'hui dans le cas où elle se convertirait en fidéicommissaire.

Un arrêt de la cour de Paris, du 26 mars 1813, décide de la manière la plus positive, la question proposée, ci-dessus.

La Dame Briant dit dans son testament, « je laisse à Madame Lebon la jouissance de mon contrat de 320 fr. de rente sur l'hôtel de M.ʳ de Bouillon; je la lui laisse sa vie durant, et après elle elle retournera à Madame Pepin fille Julie sa vie durant; et après elle à Dumas le militaire en toute propriété. » Les héritiers demandent la nullité de ces legs, comme contenant substitution. Ladite cour considérant que cette disposition ne constitue pas une substitution prohibée par le code, la déclare valable.

Autre arrêt émané de la cour de cassation, duquel on doit, ce me semble, tirer la même conséquence. Il est du 4 nivôse an 8, (1800), confirmatif de deux jugemens, l'un en première instance, rendu par le tribunal de la Seine, l'autre sur l'appel porté, suivant les lois de ce temps-là, devant le tribunal de Seine-et-Oise. Jacques Berulle, par son testament du 27 juin 1704, donne à Pierre son frère l'*usufruit* sa vie durant, de plusieurs immeubles, et veut qu'après le décès dudit Pierre, le même usufruit appartienne à son fils aîné, *pour en conserver le fonds et propriété*, au profit des enfans mâles dudit fils aîné, et des enfans des enfans, dont plusieurs générations sont graduellement substituées. En l'an 5, (1797) contestation sur la qustion si les dégrés limités par l'ordonnance de 1747 étaient épuisés, et si les biens étaient devenus libres. Pour le connaître, il fallait savoir si Pierre formait le premier de ces dégrés. Les trois jugemens ont décidé que non, qu'il n'était que simple usufruitier, et que les dégrés de la substitution ne commençaient à courir que sur la tête du fils aîné de Pierre qui avait le premier été chargé de conserver. D'où on doit conclure, ce me semble, que le délaissement d'usufruit fait à deux personnes successives ne renferme pas de substitution. S'il n'en renfermait pas avant l'abolition des substitutions, il ne doit pas non plus en renfermer depuis l'abolition.

Il est inutile de parler des autres questions qui furent agitées dans ce procès très-surchargé de faits et de points de droits, attendu qu'elles ne regardent pas celle qui nous occupe.

Voici deux autres arrêts qui ne jugent pas la question du délaissement de l'usufruit à deux personnes successivement, mais qui décident que certains legs d'usufruit ne sont pas accompagnés de substitution, notamment qu'on peut léguer l'usufruit à l'un, la propriété à l'autre; voyez les articles 899 et 949 du C. C.

Les frères Van-Meldert par leur testament du 30 janvier 1776, laissent à leurs deux nièces pour l'*usufruit* seulement, leur bien, « savoir, à Barbe Van-Marke pour l'usufruit comme dessus, et pour la propriété à ses enfans légitimes; et en cas de décès de l'une ou de l'autre sans descendans à écheoir à l'une ou à l'autre pour moitié; et en cas qu'il arrivât que tous les enfans légitimes de ladite Barbe vinssent à décéder sans laisser d'enfans, dans ce cas les comparans déclarent substituer aux enfans de Barbe ceux de Thérèse Van-Marke, et dans le cas contraire, déclarent substituer aux enfans de ladite Thérèse ceux de ladite Barbe. »

Les testateurs étant décédés en 1779, et les substitutions ayant été abolies en 1792, Barbe qui s'imagina qu'au moyen de cette abolition, elle avait gagné la propriété des biens, vendit quelques immeubles. L'acquéreur refuse de payer sous prétexte qu'elle n'était réellement qu'usufruitière, et qu'elle n'avait pas été maîtresse de vendre. Le tribunal de l'Escaut le jugea ainsi. La cour de cassation a rejetté le pourvoi, par arrêt du 14 prairial an 8, (1800) considérant que la clause du testament des frères Van-Meldert ne contient pas une véritable substitution, mais deux institutions directes, l'une de l'usufruit au profit des nièces, l'autre de la nue propriété au profit des enfans desdites nièces.

La cour d'appel de Bruxelles n'a pas non plus trouvé de substitution dans l'espèce suivante.

La Dame Leyrens avait donné à son mari, par contrat de mariage, l'usufruit de ses biens au cas que leurs enfans, s'il en survenait de leur mariage, vinssent à décéder avant lui sans être mariés. Une fille provint de ce mariage; elle décéda célibataire en l'an 9, (1801), après avoir légué la moitié de ses biens à un particulier. Le père se présente pour demander l'usufruit. Le légataire répond que le père n'avait été appellé à l'usufruit qu'après la mort de sa fille, qu'il y avait eu par conséquent une première institution en faveur de cette fille, et une seconde en faveur du père, et de plus la charge à la fille de conserver et de rendre, ce qui formait le caractère distinctif de la substitution. Le père refute cette objection en disant que le contrat de mariage renfermait seulement une donation d'usufruit sous une condition suspensive, ce qui était permis par les lois; il importe fort peu que la fille n'ait pas été libre de disposer de l'usufruit des biens de sa mère au préjudice de son père; que la prohibition aurait été la même si l'usufruit eût été laissé purement, simplement, sans condition, dans ledit contrat de mariage, qu'un cas ne renferme pas plus de substitution que l'autre; qu'on peut donner l'usufruit à l'un, la propriété à l'autre, article 899 du C. C. Arrêt le 17 avril 1806, qui juge qu'afin qu'il y eût disposition fidécommissaire, il faudrait que l'enfant eût été chargé de laisser à un tiers, ce qui n'a pas lieu dans l'espèce présente, et maintient le père dans l'usufruit, conformément au contrat de mariage.

La loi *filios hœredes* 39, *D, de usu et usufr.* fournit un autre exemple de *non substitution.* Le père institue ses garçons héritiers universels, et lègue à sa femme, en usufruit, des objets mobiliers avec clause qu'après la mort de sa dite femme, ils reviendront en propriété à celles de ses filles qui vivront alors. Les filles en gagnent la propriété après la mort de leur mère.

N.º 4. Du décès de l'usufruitier résulte nécessairement l'extinction de l'usufruit; on vient de le voir. Mais le décès du propriétaire n'influe en rien dans la jouissance de l'usufruitier qui ne reste pas moins en possession jusqu'au temps fixé pour la durée de l'usufruit. *Usufructuario autem superstite, licet dominus proprietatis rebus humanis eximatur, jus utendi fruendi non tollitur; l. si patri* 3, § *usufructuario, cod. de usufr. et habit.* Si ledit usufruitier n'a pas encore pris possession, les héritiers du propriétaire lui livreront ledit usufruit. *Reo quoque promittendi defuncto, in partes hœreditarias ususfructûs obligatio dividitur; l. ususfructus* 5, *D, de usufr. et quemadm.*

Tom. II. a

Tout ce qui est fait au préjudice du propriétaire ne saurait nuire à l'usufruitier. Dans les arrêts de Papon, liv. 14, tit. 2, art. 9, on en trouve un du parlement de Bordeaux qui a jugé que la saisie interjettée sur les biens du fils propriétaire ne portait aucun tort au père qui en avait l'usufruit. Voyez ci-après, art. 125, n. 4.

N.º 7. La mort de celui à qui on a affermé l'usufruit ne portera non plus aucune atteinte à l'usufruitier, soit que la ferme ait été consentie par lui, soit qu'elle l'ait été par le propriétaire. *Si domina proprietatis uxori tuæ usumfructum locavit sub certá annua præstatione, morte conductricis ei qui locavit etiam utendi fruendi causa non est deneganda; l. si domina 10, cod. de usufr. et habit.* Il est de toute justice que l'usufruitier conserve son usufruit, malgré le décès du fermier. Il ne s'en suit pas cependant que le bail soit annullé, mais seulement que l'usufruitier percevra le loyer des mains des héritiers du fermier, sur la tête desquels le § 6 des Instituts, *tit. de locat. et cond.* transmet la ferme. La loi *si socrus* 18, *cod. de jure dotium*, dit aussi, *mortuá conductrice, ususfructus extingui minimè potuit.*

ART. 122. N.º 1. Les lois romaines reviennent bien souvent sur la mort civile, parce qu'elles en admettaient que nous ne connaissons pas; une entre autres, très-fréquente chez ce peuple belliqueux,

la captivité en guerre. Malgré les faveurs constantes
de la victoire, ils essuyaient cependant quelquefois
des revers; souvent leurs victoires leur coûtaient
cher; des soldats devenaient prisonniers de guerre.
Pendant la durée de leur captivité, ils étaient morts
civilement, incapables de tous effets civils, parce
qu'ils attachaient une espèce d'infamie à cette captivité qu'ils attribuaient à la lâcheté.

Une autre espèce de mort civile également inconnue en France, était l'esclavage. Celui que le
malheur persécutait, ou qui par la mauvaise administration de ses affaires était ruiné, vendait
sa liberté, se réduisait volontairement au rang d'esclave. Il est surprenant qu'il ne préférât pas celui
de mendiant d'où il avait espérance de sortir tôt
ou tard. Mais, quelquefois, il était contraint par la
rigueur d'un créancier impitoyable, à se soumettre.

Ils ajoutaient, comme nous, celle qui provient
de la condamnation judiciaire. En France, nous
n'en connaissons pas d'autre. A la vérité, nous en
admettions autrefois une qui doit son origine à la
religion chrétienne, celle qui était occasionnée par
la profession religieuse; mais elle n'a plus lieu
depuis la suppression des monastères, et la défense
de prononcer des vœux perpétuels. D'ailleurs elle
n'opérait aucun changement dans l'intérêt du propriétaire qui n'en devait pas moins souffrir l'usufruit, comme il sera dit au u. 5.

N.º 2. La mort civile fait donc perdre toute espèce d'usufruit, de quelque manière qu'il eût été constitué, ou par les actes ordinaires permis par le droit civil, ou par jugement, dit la loi 1, *D*, *quib. mod. usufr. amitt.*. Même l'action pour le demander est également perdue. Ainsi celui qui est frappé de ladite mort civile est privé de l'usufruit dès le moment de sa condamnation ; suivant le § 3, tit. 4, liv. 2 des Instituts, *finitur autem ususfructus... Duabus capitis diminutione, maximá et mediâ.* La loi *corruptionem* 16, *cod. de usufr. et habit.*, répète à son tour la même décision, que l'usufruit, de quelque façon qu'il ait été établi, par convention, testament, ou autre, est éteint par la mort civile. Le mot *corruptionem* qu'elle emploie est synonyme de *amissionem*, qui veut dire la perte. Voyez encore l'apostillateur de Lapeyrère, let. C., n. 92, qui se fonde sur la loi *in omnibus* 68, *D*, *de regulis juris.*

Mais les fruits échus depuis l'ouverture de son droit sont à lui jusqu'à sa condamnation ; s'il ne les a pas perçus avant ce fatal instant, ses héritiers les réclameront, sa succession leur étant dévolue ; quant à lui, il n'a plus d'action ; article 25 du C. C.

On peut cependant lui procurer de l'adoucissement dans son triste état ; le susdit article 25 du C. C. veut bien qu'on lui donne quelque chose *pour sause d'alimens.* Il paraît conforme à l'humanité

de distraire une portion de cet usufruit pour lui
tenir lieu d'alimens, car puisqu'il est permis de
lui en créer après la condamnation, il semble qu'il
doit l'être d'en retrancher de l'usufruit dont il
jouissait, et que la dureté du propriétaire qui s'y
refuserait exciterait l'indignation. Il semble aussi
que si le produit de l'usufruit n'excède pas ce
qui est nécessaire aux alimens du condamné,
suivant son ancien état et condition, il doit lui
être délaissé en entier.

N.º 3. Suivant les lois *legatum* 10, *D, de capite minutis*, et la loi *in singulos* 8, *D, de annuis
legatis*, le legs fait à titre d'alimens pour en jouir
d'année en année, ou de mois en mois, *in annos
singulos, vel menses singulos*, n'est pas éteint par
la mort civile, quoique l'usufruit pur et simple
le soit. La raison que la loi donne de cette différence, est que *tale legatum (in singulos annos
vel menses) in facto potiùs quàm in jure consistit*,
et suivant la Glose *quæ facti sunt, nullá juris
constitutione mutari possunt*. Pourquoi ce legs
consiste-t-il en fait plutôt qu'en droit ? Parce que,
disent les glossateurs, *non consideratur an possit
capere ex testamento vel non ; sed hoc factum,
an possit comedere vel non, vel bibere*. Mais il y
a lieu de croire qu'en France, l'une et l'autre
espèce d'usufruit seraient réduites à ce qui est indispensable pour les alimens, d'après le susdit art.
25 du C. C. Voyez Malleville sur l'art. 617 du C. C.

Les lois romaines veulent même que cette espèce
de legs parvienne aux héritiers pour se faire payer
de l'année entière, quoique le légataire soit décédé
au commencement de l'année; voyez les lois *à
vobis* 5, *in singulos* 8, *et filiæ meæ* 22, *D, de
annuis legat.* Boyer, conseil 23, n. 3, Bouguier,
let. L, rapporte un arrêt du parlement de Paris,
du 7 septembre 1622, qui l'a jugé ainsi en faveur
de l'héritier d'une personne légataire d'une pension
annuelle de cent cinquante francs, décédée au
commencement de l'année. Ce qui s'observait en
pays de droit écrit, ainsi que pour les rentes
viagères, ou du moins quartier par quartier quand
cela était payable par quartier; mais en pays coutumier, la redevance s'éteignait avec le pension-
naire, suivant Lacombe, jurisprudence civile, *V.*^{bo}
alimens, sect. 2, n. 4.

Les romains distinguaient trois espèces de mort
civile, *maximam, mediam, minimam.* Celui qui
n'avait subi qu'une des deux dernières pouvait
rentrer dans ses droits de citoyen. C'est en faveur
de celui-là que la loi 3, *D, quib. mod. usufr. amitt.*
entre dans une longue dissertation pour décider
s'il rentre également dans l'usufruit qu'il avait
perdu, si on peut le léguer à quelqu'un au cas
qu'il recouvre ses droits, etc., etc. En France, nous
ne connaissons qu'une seule espèce de mort civile,
celle qui est prononcée par jugement pour crime.
Elle est irrévocable; les droits de citoyen sont per-
dus pour toujours; article 25 du C. C. Il est donc

superflu de s'occuper de ladite loi, aussi bien que
de la loi *licet* 23, *D, de usu et usufr. et red.*

Mais le Prince peut lui faire grâce, et sans lui
en faire une absolue, il peut accorder au déporté,
dans le lieu de la déportation, l'exercice des droits
civils, en tout ou en partie; article 18 du code
pénal. Reprendra-t-il son usufruit? S'il ne s'agit
que d'alimens, la loi *is cui* 11, *D, de alim. vel
cib. legat.* lui laisse ceux qu'il a reçus pendant
son interdiction, et lui accorde encore ceux qui
lui seront dus pour toute sa vie. *Is cui alimenta
annua relicta fuerant, in metallum damnatus,
indulgentiâ principis restitutus est; respondi eum
et præcedentium annorum rectè cœpisse alimenta,
et sequentium deberi ei.* En France, il jouit du
même avantage, puisqu'il est permis de lui fournir des alimens.

Quant à l'usufruit, on ne doit pas douter qu'il
n'ait perdu irrévocablement les arrérages antérieurs.
On doit tirer cette conséquence de l'art. 30 du C. C.
qui ne réintègre dans la plénitude de ses droits,
que pour l'*avenir* seulement, le contumace qui
s'étant représenté après les cinq ans, est acquitté.
En ce qui concerne l'*avenir*, il faut distinguer la
grâce émanée du Prince, c'est-à-dire l'abolition du
crime qu'il prononce par sa toute puissance, d'avec
la révision du procès faite par les juges. Le Roi
remet bien au condamné la peine corporelle, le
relève même de l'infamie, *hunc infamiâ eximi;*

l. 1.ª , § *de quá* 10, *D* , *de postulando*; Mais cette
faveur ne peut être que sauf le droit d'autrui. Ainsi
l'usufruit réuni à la propriété, après une condamnation définitive, ne doit plus en être distrait. Que
la tache résultante de l'infamie soit effacée, cela
ne nuit à personne; mais, en bonne justice, le
propriétaire doit-il être dépouillé? La grâce accordée par commisération est pour le condamné une
nouvelle naissance, une nouvelle entrée dans le
monde dont l'effet ne peut retroagir au préjudice
d'un tiers. Est-il même bien vrai que l'infamie
soit enlevée? Non, suivant la loi *ult. cod. de generali abolit.* qui dit que la grâce *quos liberat
notat, nec infamiam criminis tollit, sed pœnæ
gratiam facit.*

Mais si la réintégration provient de la révision
du procès, permise par les articles 443 et suivans
du code d'instruction criminelle, ou de la cassation
de l'arrêt, ou de la représentation d'un contumace
qui, après une nouvelle instruction, est justifié,
la condamnation étant déclarée injuste ou erronée,
alors l'accusé n'a jamais été criminel; tous ses droits
sont entièrement conservés, comme s'il avait été
acquitté de prime abord. L'usufruit lui est rendu.

On doit raisonner à l'égard dudit usufruit, comme
à l'égard des biens sujets autrefois à la confiscation.
Le seigneur à qui ils étaient acquis les gardait malgré
le pardon du Roi, car la condamnation ne subsistait pas moins. Mais si l'accusé était blanchi par un

second jugement, il était rétabli dans ses biens,
qui n'avaient jamais dû cesser de lui appartenir.
Il faut cependant convenir que la multitude des
auteurs qui ont traité cette question n'est pas tout-
à-fait d'accord. Les uns voulaient qu'en vertu de
la rémission du Prince, le seigneur fût forcé de
se désister des biens confisqués ; d'autres ne l'y con-
traignaient qu'autant qu'il ne les avait pas aliénés,
et qu'ils étaient encore entre ses mains ; d'autres
enfin les lui conservaient irrévocablement. Plusieurs
d'entr'eux se fondaient sur des arrêts contraires
les uns aux autres. Voyez Papon, Dumoulin, Despeisses, Coquille, Boutaric, Salvaing, Freminville,
Maynard, Catelan, etc. A la vérité, l'usufruit n'est
jamais entré dans la confiscation, il a été consolidé à la propriété par la condamnation de l'usufruitier, disent Renauldon dans son dictionnaire des
fiefs, *V.ᵇᵒ confiscation*, n. 451, et les auteurs qu'il
cite, Lapeyrère, let. C, n. 92. Mais il est très-
indifférent que ce soit tel ou tel qui s'en empare.
Il s'agit toujours de savoir si celui qui a obtenu
l'absolution de son péché réel ou supposé, sera
reçu à le retirer des mains des uns ou des autres.
Renauldon adopte la distinction ci-dessus, et il
me semble qu'à partir soit des principes de la loi,
soit des principes d'équité naturelle, cette opinion
doit prévaloir, surtout d'après la disposition de
l'article 30 du C. C. Dumoulin, sur la règle *de
infirmis*, n. 397, enseigne que l'ecclésiastique qui,
après avoir été condamné, reçoit des lettres de

grâce, n'en a pas moins encouru la perte de ses bénéfices.

N.º 5. Un autre genre de mort civile était celle de la profession dans un couvent dont j'ai parlé au commencement du présent article. Les vœux que prononçaient le religieux ou la religieuse dans le monastère de l'un ou de l'autre sexe, leur enlevaient tous les droits civils, les faisaient mourir au monde; mais l'usufruit leur était, presque dans tous les pays, acquis jusqu'à leur mort réelle et naturelle. Le propriétaire n'y gagnait rien. Cet usufruit était touché ou par le moine lui-même, ou par le syndic de son couvent, Brodeau sur Louet, Boucheuil, coutume de Poitou, tome 2, Bouhyer, cout. de Bourgogne, tom. 2, page 166. On trouve plusieurs arrêts qui l'ont jugé ainsi. A la vérité d'autres auteurs distinguaient entre les couvens rentés, et ceux que leur règle assujettissait à la mendicité. Enfin d'autres, sans distinguer, pensaient, au contraire, que la profession en religion éteignait l'usufruit; Lapeyrère, lettre U, n. 70, Basnage sur la cout. de Normandie, et autres. Des arrêts avaient consacré cette opinion, car en cela, comme en autre chose, on jugeait oui, on jugeait non. Mais le plus grand nombre était pour la continuité de la pension.

§. II.

De la Consolidation.

Art. 123. N.º 1. La consolidation s'opère lorsque la propriété et l'usufruit se réunissent sur la même personne, art. 617 du C. C. *Si fructuarius proprietatem adsecutus fuerit, desinit quidem ususfructus ad eum pertinere propter confusionem; l. si fructuarius 4, D, usufr. quemadm. cav. — Item finitur ususfructus si domino proprietatis ab usufructuario cedatur... vel ex contrario, si ususfructuarius proprietatem rei acquiscirit; quæ res consolidatio appellatur;* Instit. liv. 2, tit. 9, § 3. De quelque manière qu'elle s'accomplisse, par la mort de l'usufruitier, par la cession volontaire ou forcée, lucrative ou gratuite, de l'usufruit à la personne du propriétaire, ou de la propriété à la personne de l'usufruitier, elle anéantit ledit usufruit.

N.º 2. La réunion doit être parfaite, non éventuelle, non précaire. Ainsi, le propriétaire lègue la propriété à l'usufruitier, qui s'en met en possession. Ensuite le testament est annullé; l'usufruitier est dépouillé de la propriété. Malgré cette jouissance qui n'était pas fondée sur un titre régulier, l'usufruitier n'est pas censé avoir été véritable propriétaire, ne l'ayant été que par erreur. *Dominus fructuario prædium quod ei per usumfructum serviebat, D, legavit; Idque prædium aliquandiù*

possessum legatarius restituere filio, qui causam
inofficiosi testamenti rectè pertulerat, coactus est:
mansisse usumfructûs jus integrum ex post facto
apparuit; l. dominus 57, *D, de usufr. et quemadm.*
quis. Dans ce cas, point de consolidation.

N.º 3. Mais quand la consolidation a été faite
en vertu d'un acte valable, ou même par cas for-
tuit, ou de toute autre manière quelconque, la
propriété et l'usufruit sont devenus inséparables.
En voici un exemple frappant. L'usufruit m'a été
légué; la propriété l'a été à Titius, mais sous condition seulement. Dans l'incertitude si elle arrivera,
et supposant qu'elle n'arrivera pas, ou en courant
le hasard, j'achète à l'héritier du testateur ladite
propriété. Au moyen de mon acquisition, je la
consolide avec mon usufruit. Cependant, contre
mon attente, survient la condition sous laquelle
Titius doit la recueillir. Dès ce moment, elle lui
est dévolue de droit. Je suis obligé de m'en des-
saisir en sa faveur. Je devrais, en la lui rendant,
garder cet usufruit qui n'y était pas réuni autrefois.
Point du tout. L'effet de la consolidation opérée
sur ma tête après mon acquisition, est de me faire
perdre tout le droit que j'avais sur lui. Titius
gagne l'usufruit avec la propriété. Ainsi ma cupidité m'a porté le plus grand tort, et a fait le profit
de Titius. *Si tibi fundi ususfructus purè, proprietas*
autem sub conditione Titio legata fuerit, et pen-
dente conditione dominium proprietatis acquisieris,

deinde conditio extiterit, pleno jure fundum Titius habebit. Neque interest quod, detracto usufructu, proprietas legata sit; dùm enim proprietatem ac-quiris, jus omne legati ususfructûs amisisti; l. si tibi fundi 17, *D, quib. mod. usufr. amitt.*

Suivant Loiseau, du déguerpissement, liv. 6, ch. 4, tit. 11, « Dumoulin sur l'art. 13 de la cout., Glose 5, a bien osé dire absolument être inique (ladite loi qui vient d'être rapportée) et que si on était interrogé sur la même espèce d'icelle, il faudrait répondre tout le contraire ; et dit vrai, pour ce qui est de l'équité, mais eu égard au point et à la suite du droit romain, le jurisconsulte ne pouvait répondre autrement : car cette loi parle de l'usufruit, qui selon les lois romaines est un droit si frêle et si aisé à résoudre et à anéantir, que rien plus.... Ce droit se perd *quâcumque rei permuta-tione*, comme si d'une terre labourable on en fait une vigne, ou d'une vigne un pré. ... Doncques il ne se faut pas émerveiller si dès-lors que l'usu-fruitier a acquis la propriété, l'usufruit est éteint et amorti tout-à-fait, encore que la propriété soit seulement acquise pour un temps et commu-tablement. »

Le raisonnement de Loiseau me paraît juste. Le principe est, que la consolidation s'opère *ipso jure* par la réunion de l'usufruit à la propriété. Cette consolidation a donc été consommée aussitôt après l'acquisition. Alors, il faut, ou que l'usufruitier

conserve la propriété au préjudice de celui à qui
elle a été léguée, ou que ce dernier gagne l'usufruit au préjudice de l'usufruitier, puisque ces deux
droits sont réunis et confondus ensemble. Mais
l'usufruitier n'a pu nuire au propriétaire conditionnel, par les arrangemens pris avec l'héritier
du testateur. S'il l'avait pu, tous les legs sous condition seraient facilement annullés à l'insçu du
légataire. Ainsi le choix n'est pas douteux. L'équité
veut que l'usufruitier soit la victime de son am-
bition, plutôt que de voir le légataire de la propriété, privé de sa propriété. Ledit usufruitier doit
s'imputer à lui-même l'effet de son agiotage. Je
ne crois cependant pas que la principale raison
de la loi susdite soit celle qu'allègue Papon, prise
de la fragilité du droit d'usufruit; d'autant plus
qu'en France, il ne se perd pas aussi facilement,
art. 618 du C. C., mais que c'est celle qui est
prise de la consolidation. L'assertion de Loiseau,
que la conversion d'une terre en vigne, entraîne
la destruction de l'usufruit, est trop vague. Voyez
ci-après, article 129.

Pour opérer cette privation totale, il faut néanmoins que ladite propriété réside encore sur ma
tête au moment de la condition, car j'ai pu
m'en défaire avant l'avènement de ladite condition,
et sa réunion passagère ne m'empêche pas de
conserver l'usufruit comme auparavant. *Nec obest*,
dit la Glose, *quod medio tempore proprietatem*

habui. Si donc je revends la nue propriété, l'usufruit renaîtra en ma faveur; je le reprends, comme si je n'avais pas fait d'acquisition. Cette décision paraît bien naturelle, puisque l'usufruitier en ne vendant que la nue propriété fait revivre l'usufruit en sa faveur. La loi qui va être rapportée, suppose que l'usufruit est laissé à deux particuliers pour en jouir chacun d'eux, d'une année entre autres. Mais cette circonstance du legs pour un seul, ou alternativement avec un autre, paraît fort indifférente. La même loi fait une comparaison qui établit un autre principe, savoir que si l'usufruit m'est laissé sous condition, qu'avant qu'elle arrive j'achète puis revende la propriété, je réclamerai l'usufruit lorsque la condition arrivera, malgré la consolidation qui a réposé instantanément sur ma personne. *Quòd si Titius eo anno quo frueretur proprietatem accepisset, interim legatum non habebit, sed ad Mœvium alternis annis ususfructus pertinebit. Et si Titius proprietatem alienasset, habebit eum usumfructum: quia et si sub conditione ususfructus mihi legatus fuerit, et interim proprietatem ab hœrede accepero, pendente autem conditione eamdem alienavero, ad legatum admittar. ; l. quoties* 34, *D, de usufr. et quemadin. quis.* Il est donc indispensable que le légataire conditionnel trouve, à l'avènement de la condition, la propriété et l'usufruit résidans sur la même tête. Ce qui s'est passé avant l'ouverture de son droit ne le regarde pas.

Quoique l'acte de réunion soit valable, si l'u-
sufruitier acquéreur de la propriété est expulsé de
celle-ci par force majeure, l'usufruit n'est pas
consolidé. Ainsi, s'il était expulsé de la propriété
qu'il avait achetée, par le retrait lignager, dans le
temps qu'on pouvait exercer ce droit, l'usufruit
revivait, Mornac sur la loi *si tibi fundo* 17, *D*, *quib.
mod. ususfr. amittitur*, convient que les opinions
des docteurs ont été partagées; mais il adopte celle
ci-dessus, parce qu'on ne peut pas dire *eum fuisse
animum usufructuario, ut usufructu. Se se exuere
voluerit cùm proprietatem ei adjunxit.* Ricard, tom. 2,
du don mutuel, n. 362, adopte à son tour l'opinion
de Mornac. On doit en dire autant du cas où on
exerce la faculté de réméré et autres.

N.º 4. J'ai dit que la cession devait être faite de
l'usufruit au propriétaire, ou de la propriété à
l'usufruitier, car celle qui le serait à un étranger
n'opérerait aucun effet; *nam cedendo extraneo nihil
agitur*, disent les Instituts susdits. Voici néanmoins
un cas où la cession de l'usufruit quoique faite à
un étranger, et quoiqu'elle ne soit que tacite, entraîne l'extinction de l'usufruit, par suite de la
consolidation présumée. Ce cas arrive lorsque l'u-
sufruitier consent à la vente du fonds par le propriétaire; il est juste que l'acquéreur qui a entendu acheter le tout, jouisse le bien et le revenu.
L'usufruitier agirait frauduleusement en venant
réclamer après coup. *Quæsitum est si, cùm fundi*

*usumfructum haberem, eum fundum volente me
vendideris, an vindicanti mihi usumfructum exceptio sit objicienda? Et hoc jure utimur, ut exceptio doli noceat. L. apud Celsum* 4, § *quæsitum*
12, D, *de doli mali etc.* Il en est de l'usufruit
comme de l'hypothèque. Le créancier qui consent
à la vente de la chose hypothéquée perd son hypothèque; *creditor qui permittit rem vendere, pignus
dimittit; l. creditor* 158, *D, de reg. juris.* La loi
si debitor 4, § 1, *D, quib. mod. pign.*, etc., veut
aussi que le consentement sans réserve anéantisse
l'hypothèque. Voyez les lois qu'a rassemblées Rousseau de Lacombe, en sa jurisprudence civile, au
mot *contrat*, n. 19, et au mot *hypothèque*, sect. 1,
n. 13. Ladite loi *quæsitum* assimile, en ce point,
l'usufruitier au créancier. Ces lois ont engagé
Faber, cod. liv. 4, tit. 28, défin. 1, à dire *satis
est ad tacitam ususfructûs remissionem inducendam,
quòd sciente et consentiente usufructuario fundus
venditus sit, tametsi ex eâ causâ nulla pretii pars
ad fructuarium pervenerit.*

Mais les lois françaises n'adoptent pas ce consentement tacite. D'après l'article 621 du C. C. la
vente de la chose usufruitée n'opérera aucun changement dans le droit de l'usufruitier, *s'il n'y a
pas formellement renoncé.* Parmi nous, la perte de
l'usufruit ne peut provenir que d'un consentement
formel, d'une renonciation positive. Ledit § *quæsitum* paraît même exiger cette espèce de consen-

tement, en disant *volente me*, ce qui exclut le
consentement tacite; il sera question, à l'art. 131,
de la renonciation volontaire.

Avant la publication du C. C., on pensait assez
généralement que ledit consentement tacite était
insuffisant, pour priver d'un droit quelconque
soit d'usufruit, soit d'hypothèque. On ne présume
pas, répond Antoine, sur ladite loi *creditor*, que
le créancier renonce à ses droits, quand même
l'on pourrait prouver qu'il n'a pas ignoré l'aliénation, *nisi evidenter appareat hæc amittendi fidei*
commissi causâ eum fecisse, porté la loi *Titia de*
legatis 2.

Dolive, liv. 5, ch. 28, agitant la question, si
celui qui n'intervient en l'acte que comme témoin,
reçoit préjudice de sa présence, termine en disant
que ni sa présence, ni sa signature ne le font
décheoir de ses droits. Ce qui est, ajoute-t-il, expressément décidé en la loi *Caius, D, de pign.*
act., et la loi *Titia § lucia, de legat.* 2, à l'égard
du créancier hypothécaire, et ce par deux raisons;
1.º les offices que nous rendons innocemment au
public, et à ceux qui ont besoin de notre entremise, né doivent pas nous être dommageables;
2.º la raison naturelle et les règles du droit civil
ne permettent pas que notre jurisprudence en
induise un consentement suffisant pour nous faire
perdre, au-delà de notre dessein, ce qui nous
est acquis légitimement.

Puisqu'il est certain aujourd'hui que la rénon-
ciation ne doit pas être induite de la présence de
l'usufruitier dans l'acte, elle doit l'être encore
moins de sa signature en qualité de simple témoin.
Néanmoins pour faire connaître l'ancienne jurisprudence, j'ajouterai ce que dit Despeisses à ce
sujet. Il rapporte la distinction dont use Cujas,
entre le seing comme témoin, et le seing comme
partie. Plusieurs textes dont il fait mention, répu-
tent acquiescement formel ce dernier genre de signature. D'autres textes qu'il rapporte également,
décident que celui qui écrit l'acte en entier est
censé aussi approuver tout son contenu. Mais,
ajoute-t-il, la signature, en la seule qualité de
témoin, ne nuit pas au signataire, même au proche parent qui signe le contrat de mariage d'un
autre proche parent. A la vérité, il cite un ancien
arrêt qui a refusé à un frère, lequel avait assisté
au contrat de mariage de son frère, l'exercice de
ses droits, au préjudice de sa belle-sœur. Mais il
dit que d'autres arrêts, plus récens et moins sévè-
res n'ont pas voulu qu'un office d'amitié et de
compliment fît du tort aux parens, à moins de
dol de leur part. Furgole, des donations, art. 23,
rapporte un autre arrêt du parlement de Toulouse,
rendu le 24 mai 1728. Le sieur de Tournon, dans
le contrat de mariage de sa nièce, lui avait fait
donation de la moitié de sa terre de Tournon. Le
sieur de Castel-Basac, autre neveu du donateur, signe
le contrat de mariage. Par la suite, il achète du

donateur les biens compris dans la donation qu'il attaque en nullité. On lui oppose sa signature qu'on veut faire passer pour approbation. Mais l'arrêt en annullant la donation, lui adjuge les biens. Le journal du palais, tom. 1, page 939 et suiv., rapporte un autre arrêt rendu par le parlement de Paris, le 11 août 1678, qui annulla le legs d'usufruit d'une maison, quoique ceux qui en attaquaient la validité eussent signé le contrat de mariage de la légataire, dans lequel elle avait compris cet usufruit au nombre des biens qu'elle se constituait.

Il serait en effet bien dur pour des parens et amis qui répondent à l'invitation qu'on leur fait de signer un contrat de mariage, de se trouver avoir fait, contre leur intention, un abandon de leur droit. Sous prétexte d'une politesse exigée par devoir et par honneur, on tendrait un piège à leur bonne foi. En tout cas, comme de semblables difficultés suscitées par la présence au contrat, peuvent se rencontrer fréquemment, les usufruitiers pour se mettre à l'abri de tous procès, et pour plus grande sûreté, agiront prudemment, quoique leurs droits ne fussent pas moins conservés, d'ajouter une réserve à leur signature.

A l'égard, des ascendans qui signent le contrat de mariage de leurs enfans, on distingue le droit acquis à l'usufruit lors de la signature, d'avec celui qui n'est pas encore acquis et ne consiste qu'en expectative. La renonciation au premier ne se présume pas, mais la renonciation au second se présume.

Les auteurs de la nouvelle édition de Lapeyrere, page 857, enseignent que la mère usufruitière de son mari n'est pas censée renoncer à son usufruit en consentant que son fils se constitue en se mariant, ses biens paternels, parce que la renonciation à un droit acquis en vertu d'un testament ne se présume pas. D'un autre côté, j'ai vu juger deux fois en arbitrage, que la mère ayant donné, conjointement avec son mari, en mariant un de leurs enfans, moitié de leurs biens présens et à venir, sans autre explication, avait perdu l'usufruit de la moitié des acquêts qui lui obvint par la suite après le décès de son mari. Ce droit n'était pas ouvert à l'époque du contrat.

Dupérier, liv. 4, quest. 26, agite la même question à l'égard du père. Il demande si le père qui signe le contrat de mariage de son fils dans lequel la mère lui donne une partie de sa dot, se prive de l'usufruit qu'il peut avoir un jour, en vertu de la puissance paternelle, sur lesdits biens, au cas que sa femme le prédécède. Il décide l'affirmative en vertu de ladite loi *quæsitum*, comparant le père au créancier dont il a été parlé ci-dessus, qui consent à la vente. Dans l'espèce présente, une circonstance particulière faisait soupçonner le consentement tacite du père; outre son assistance au contrat, il avait autorisé sa femme à donner procuration à un ami aux fins de consentir en son nom ladite donation. Malgré cela, cet auteur donne à entendre que si le droit avait été acquis, la renonciation ne se présumerait pas si facilement; ladite loi *quæsitum*, ajoute-t-il, est applicable principalement à l'espèce où l'usufruit ne devant être acquis qu'après la mort de la mère, sa rémission est plus facilement présumée qu'un droit d'usufruit déjà acquis.

Il suit du principe ci-dessus que le conjoint qui assiste au don que fait l'autre conjoint de son bien à un de leurs enfans, n'aura pas de prétention à former sur l'usufruit légal accordé par la loi au conjoint survivant jusqu'à ce que l'enfant ait accompli sa dix-huitième année, au cas que le donateur décède avant cette époque. On peut dire que l'ascendant n'assiste pas au contrat en qualité de témoin, mais comme partie en quelque façon, quoiqu'il ne donne rien.

A plus forte raison, celui qui donne son propre bien, se dépouille-t-il de l'usufruit s'il n'a soin de se le réserver. Quatre avocats du parlement de Bordeaux, fameux dans leur temps, ont répondu en consultation, que le père qui donne à son fils est censé donner *optimo jure*, en propriété et usufruit; parce que la donation du fonds emporte remise de l'usufruit, à moins de réserve; que deux arrêts l'ont ainsi jugé. Je pense que la décision de ces messieurs doit être étendue à la mère et à tous autres donateurs.

N.º 5. J'ai dit que la femme ayant donné une portion de ses biens, était censée avoir renoncé à l'usufruit de sa portion d'acquêts. Bien plus, elle peut en être privée par le fait du mari seul, quoiqu'elle n'ait pas assisté au contrat de mariage. Dans le recueil des arrêts donné par Rousseau de Lacombe, on en trouve un du 23 juin 1741, qui a jugé que, quoiqu'elle ne fût pas présente au contrat, le mari en constituant en dot tous lesdits acquêts à leur fille commune, avait pu priver sa femme de l'usufruit de la moitié des acquêts qui lui avait été assurée par son contrat de mariage. Les motifs de l'arrêt furent que le mari étant le maître des acquêts aurait pu les aliéner, et par ce moyen frustrer son épouse, même du capital.

N.º 6. En parlant d'acquêts, j'ajouterai, en passant, la réponse à une question qui a été agitée tout récemment. Trois avocats de Bordeaux et deux de Limoges, ont répondu séparément dans la même affaire, qu'un père et une mère ayant donné par contrat de mariage, à leur fils aîné, moitié de leurs biens présens et à venir, sous la réserve d'usufruit, leur vie durant, avaient implicitement renoncé à la faculté d'aliéner les acquêts, jusqu'à concurrence de la donation, et que, ni pendant le mariage ni le survivant après la dissolution, n'avaient pu priver, par des aliénations, le donataire des effets de la donation. Dès le moment de cette donation, le mari et la femme se sont entièrement dépouillés de la nue propriété de la moitié de tous les immeubles existans au temps de la donation, de manière que la liberté de les aliéner, avait été rigoureusement restreinte à la moitié non donnée.

Comme la veuve avait vendu sa moitié d'acquêts après le décès du mari, et prétendait n'être pas liée par le contrat de mariage, sous prétexte qu'il n'avait pas été en son pouvoir de donner des objets sur lesquels elle n'avait aucun droit assuré pendant la durée du mariage, ces jurisconsultes ont ajouté que le mari donnant conjointement avec sa femme, et autorisant celle-ci à faire donation pareille à la sienne, l'autorisation ne pouvait pas être sans effet, ni devenir illusoire, même à l'égard des acquêts.

Deux autres jurisconsultes ont en conséquence décidé, par sentence arbitrale, la validité de semblable donation; parce que, quoique la femme n'ait qu'un droit putatif aux acquêts, tant que le mariage subsiste, néanmoins la donation consentie avec l'autorisation du mari, comprend l'espoir qui lui est attribué par son contrat de mariage de participer un jour auxdits acquêts. J'ai vu un rapport d'experts, fait dans une autre affaire, par suite d'une autre sentence arbitrale conforme à celle-ci.

On prétend que Pothier, dans son traité de la communauté, est d'avis contraire. Je ne l'ai pas vérifié. Si cela est, il parle vraisemblablement pour les pays où on distingue les propres d'avec les acquêts ; mais cette distinction est aujourd'hui inconnue, surtout à ceux qui se marient sous le régime dotal.

Quoique les décisions ci-dessus regardent la propriété, et que le présent traité ne roule que sur l'usufruit, j'ai cru néanmoins que cet épisode ne serait pas déplacé.

N.º 7. La consolidation, quoique opérée, ne nuira pas aux parties intéressées à l'y opposer. Denisard, au mot *usufruit*, n.º 45, émet à ce sujet une opinion qui n'est appuyée sur aucun arrêt, mais qui est une conséquence trop juste des principes, pour ne pas être adoptée. Il propose le cas où l'usufruitier cède son usufruit à un de ses créanciers, pour se libérer envers lui ; le créancier à son tour le cède au propriétaire. La consolidation paraît accomplie ; cependant elle ne privera pas les autres créanciers de l'usufruitier du droit de poursuivre l'usufruit pour le paiement de ce qui lui est dû. Conséquence des articles 618 et 622 du C. C. La loi *ait præter* 10, § *per hanc* 15, *D*, *quæ in fraud. cred.* donne aux créanciers le droit de prendre l'usufruit pour se payer de leurs créances. Ils doivent par conséquent avoir celui de le revendiquer, dans quelques mains qu'il passe, et d'empêcher la consolidation en cas de cession au propriétaire.

N.º 8. Voici une autre espèce de consolidation. J'ai l'usufruit d'un esclave, qui m'a fait quel-

que tort; le propriétaire me l'abandonne en dédommagement; l'usufruit se confond avec la propriété, et le maître de l'esclave n'est pas tenu de
m'en remettre un autre en usufruit. *L. si servus*
27, *D, quib. mod. ususf. amit.* J'ai répété plusieurs
fois, qu'à la honte de l'humanité, les romains
mettaient de niveau les esclaves et les bêtes de
somme auxquels cette loi est applicable parmi nous.
Je ne la rapporte pas, vu qu'elle ne peut guères
trouver d'emploi. Il faut supposer que le dommage
a été occasionné avant la livraison, car si je l'ai à
mon service, le maître n'en est plus responsable.

Cet esclave ou cette bête étant donné à un tiers
par le propriétaire, en réparation du dommage
qu'il lui a occasionné, l'usufruitier ne perd pas son
usufruit par cet abandon, car il lui est égal que
tel ou tel soit propriétaire, *quoniàm noxæ deditio
jure non perimit usumfructum; l. locum* 17, § *proprietarius* 2, *D, de usufr. et quemadm. quis.* C'est-
à-dire qu'il ne le perd pas de plein droit, *jure*,
mais s'il veut le conserver, il sera tenu de payer
le dommage. *Debebit planè denegari ususfructûs
persecutio, si ei qui noxæ accepit litis æstimatio
non offeratur à fructuario.* La loi *si cum* 3, *D,
si ex noxali causá*, appuie la précédente, *si cum
usufructuario noxali judicio agetur, isque servum
non defenderit, denegatur ei per prætorem ususfructûs persecutio.* Faute d'acquitter le montant
dudit dommage, il perdra l'usufruit. Ce qui ne peut
s'entendre que du dommage survenu depuis la mise

en possession de l'usufruitier; car il ne doit pas être victime de ce qui est arrivé auparavant. Voyez cependant § 2, *l.* 13, *D, de usufr. et quemadm.*

Dans les circonstances où le propriétaire doit contribuer au dédommagement, s'il est poursuivi, il aura recours contre l'usufruitier au prorata de son usufruit d'après l'estimation, et si celui-ci s'y refuse, il perdra l'usufruit; lorsque le propriétaire ne veut pas défendre à l'action, l'usufruitier y défendra à sa place; et s'il est obligé de remettre l'esclave ou la bête, pour récompenser celui qui a essuyé le préjudice, il sera délivré de l'obligation de le rendre au propriétaire, à l'extinction de l'usufruit; *l. si ex duobus* 17, § *si plures, D, de noxal. action.*

§. III.

De la non jouissance pendant un certain temps.

ART. 124. N.º 1. L'usufruitier qui néglige d'entrer en jouissance, est censé avoir renoncé à l'usufruit après un certain nombre d'années. Le long intervalle qu'il a laissé écouler fait supposer qu'il n'en est pas fort envieux; *non utendo per modum et tempus*; *inst. de usufr.* § 3.

L'usufruitier perd son usufruit, non-seulement en ne jouissant pas, mais encore en jouissant d'une autre manière qu'il ne doit, Cujas dans ses notes sur les Instituts, qui se fonde sur la loi *si communem* 10, § 1, *D, quibus modis serv. amitt.*

N.º 2. Quel est le délai nécessaire pour faire perdre l'usufruit par le *non usage?* Il est fixé par l'article 617 du C. C. à trente ans. Autrefois, il était plus court. La loi *corruptionem* 16, *cod. de usu et habit.*, apprend que dans les temps anciens, il n'était que d'un ou deux ans. Mais elle change cet usage, et exige celui qui est nécessaire pour acquérir la propriété, *nisi talis exceptio usufructuario apponatur, quæ etiamsi dominium vindicaret*, savoir trente ans. Barry, des successions, liv. 9, tit. de l'usufruit, n. 47, borne ce délai à dix et vingt ans pour les immeubles, et à trois ans pour les meubles, mais Barry avait écrit avant le C. C.

N.º 3. L'usufruitier empêche la prescription non-seulement en jouissant par lui-même en personne, mais encore par quelqu'un de sa famille, principalement le mari par le canal de la femme, et la femme par le canal du mari, ou par toute autre personne de la famille, quoique le légataire se soit absenté pendant tout le temps nécessaire pour produire la prescription. La loi *si mulieri* 22, *D, quib. mod. ususfr. amitt.*, est formelle sur la question. *Si mulieri usus domús legatus sit, et illa trans mare profecta sit, et constituto tempore ad amittendum usum abfuerit, maritus verò domo usus fuerit, retinetur nihilominùs usus, quemadmodum si familiam suam in domo reliquisset, eaque peregrinaretur; et hoc magis dicendum est, si uxorem in domo reliquerit maritus, cùm ipsi marito domús usus legatus sit.*

Il jouit encore par le canal de celui à qui il a vendu, ou affermé, ou donné, et de celui de son homme d'affaires ou régisseur. *Non utitur fructuarius, si nec ipse utatur, nec nomine ejus alius, putà qui emit, vel qui conduxit, vel cui donatus est, vel qui negotium ejus gerit; l. non utitur 38, D, de usufr. et quemadm. quis.* La loi *arboribus* 12, § *ususfructuarius* 2, D, *eod.* dit également, *qui locat utitur, qui vendit utitur; sed si alii precario concedat vel donet, puto eum uti, atque ideò retineri usumfructum... Non solùm autem si ego locavero, retineo usumfructum, sed si alius negotium meum gerens locaverit usumfructum, Julianus libro 35 scripsit retinere me usumfructum.* Le régisseur n'a pas besoin de pouvoirs, suivant le même paragraphe; quoiqu'il perçoive l'usufruit en l'absence et à l'insçu de l'usufruitier, il n'empêche pas moins la prescription. *Quid tamen si non locavero, sed absente me, et ignorante me, negotium meum gerens utatur quis et fruatur, nihilominùs retineo usumfructum. Quod et Pomponius libro quinto probat per hoc, quod negotiorum gestorum actionem acquisivi.*

Voici un autre exemple que fournit la loi *si*

ususfructus 35 , § 1 , *D* , *de usufr. et quemadm. quis*, pour établir que celui qui jouit du prix de l'usufruit est censé jouir de l'usufruit même. J'ai l'usufruit d'un esclave à condition qu'il deviendra libre dès le moment que je cesserai de jouir de son usufruit. Je m'arrange avec le propriétaire qui me l'achète. Cet esclave gagnera-t-il sa liberté par notre marché ? Non ; parce que tenant en main la valeur dudit usufruit, je suis censé avoir toujours l'esclave en ma possession. Il ne deviendra libre qu'à ma mort naturelle ou civile.

Celui à qui l'usufruitier doit remettre l'usufruit, jouit également par le canal de celui qui en est chargé, quoiqu'il n'en ait pas formé la demande, et la prescription n'a pas lieu contre lui. *Nihil hanc rem fideicommissario nocere ; suo enim nomine actionem eum habiturum ; l. Pomponius* 29 , § *idem* 2 , *D* , *quib. mod. ususfr. amitt.* J'ai dit ailleurs qu'il n'y avait pas de substitution dans la charge de remettre l'usufruit.

Peu importe dans l'intérêt de l'usufruitier que son acquéreur soit en possession ou non. La négligence de celui-ci ne lui nuira en aucune manière. *Planè illud interest quòd si vendidero usumfructum, etiamsi emptor non utatur, videor usumfructum retinere ; dicta l. non utitur* 38. Le défaut de jouissance est du fait de l'acheteur non de lui. Il n'est pas moins censé posséder l'objet usufruité, parce qu'ayant en main le prix, ou en touchant le revenu, c'est comme s'il avait la chose même. *Quia qui pretio fruitur, non magis habere intelligitur, quàm qui principali re utitur fruitur; l. quia qui* 39, *D, eod.*

Mais en donation, c'est différent. Le donataire doit jouir et posséder réellement, pour arrêter la prescription. L'usufruitier ne jouit pas par l'entremise du donataire si celui-ci n'en jouit pas lui-même, parce que, la donation étant gratuite, il ne possède ni la chose ni le prix. *Quòd si donavero, non aliàs retineo, nisi ille utatur; l. quòd si,* 40, *D, eod.* L'usufruit sera donc anéanti au bout de trente ans.

N.º 4. Suivant ladite loi *arboribus*, le possesseur à titre précaire jouira pour l'usufruitier, tel que son acquéreur à pacte de rachat, son engagiste; mais précaire ou non, le possesseur quel qu'il soit doit jouir au nom de l'usufruitier, et pour lui, sans quoi la jouissance en une autre qualité n'empêchera pas le cours de la prescription.

Ainsi, l'usufruitier afferme son usufruit au propriétaire, qui, au moyen de ce marché, paraît aux yeux du public avoir la pleine propriété. Dans cette erreur, un tiers achète l'objet au propriétaire, qui le lui vend sans le prévenir que l'usufruit appartient à un autre, et qu'il n'en est que le fermier. Quoique le vendeur paie exactement à l'usufruitier le prix de la ferme, celui-ci ne perd pas moins

son usufruit au bout de trente ans, parce que l'acquéreur jouit en son nom personnel et pour lui-
même. Tout ce qu'il pourra obtenir de plus avan-
tageux, ce sera des dommages-intérêts contre le
vendeur. Voyez Catelan, liv. 7, ch. 23, *in fine*.
Cet auteur compare ledit propriétaire à l'engagiste,
qui agissant en propriétaire, vend, comme maître,
le fonds. Au bout de trente ans, l'acquéreur aura
valablement prescrit la propriété.

Il le perdra encore si le propriétaire afferme ou
sous-afferme en son nom propre ledit usufruit à
un tiers, parce que le fermier ne tenant point son
droit de l'usufruitier, ne possède pas au nom et
de la part dudit usufruitier. Dans ce cas-ci, ledit
usufruitier mérite bien ce qui lui arrive, car son
indifférence en s'embarassant si peu de cet usufruit, est impardonnable. Pour que la ferme le lui
conserve, il faut donc qu'elle émane de lui, comme
il a été dit, et comme le décide la loi *Pomponius*
29, *D, quib. mod. ususf. amit.*, qui décide également les cas ci-dessus. *Pomponius quærit, si fundum à me proprietarius conduxerit, eumque fundum vendiderit seio, non deducto usufructu, an
usumfructum per emptorem retineam? Et ait, licèt
proprietarius mihi pensionem solverit, tamen usumfructum amitti; quià non meo nomine sed suo
fruitus est emptor. Teneri mihi planè ex locato
proprietarium, quanti meâ interfuit id factum non
esse. Quanquàm si à me conductum usufructum*

quis alicui locaverit, retinetur ususfructus. Sed si proprietarius eum locasset, suo nomine, dicendum amitti, non enim meo nomine fruitur colonus.

Afin de dépouiller l'usufruitier, il faut qu'il ait négligé pendant trente ans à faire la moindre recherche relative à l'usufruit. Une insouciance si longue mérite bien cette punition.

Aux décisions ci-dessus, la loi en ajoute une autre qui ne roule que sur un jeu de mots. L'usufruitier, au lieu d'affermer au propriétaire, lui vend l'usufruit pour un temps déterminé, par exemple pour cinq ans. Le propriétaire le vend à son tour à une autre personne sans borner le temps. Si l'usufruitier laisse la perception des fruits entre les mains du tiers, pendant trente ans, il perd son usufruit; par suite du principe ci-dessus, que cet acquéreur ne possède pas au nom dudit usufruitier. Je dis jeu de mots, parce qu'une vente de fruits pour quelques années, n'est dans le fait qu'une véritable ferme. *Sed si emptum à me usumfructum proprietarius vendidisset, an amitterem usumfructum, quœrendum est; et puto amitti, quoniam et hic non ut à me empto, fruitur fundi emptor.* § 1 de ladite loi.

Lorsqu'il y a plusieurs usufruitiers successifs, chacun le perd à son tour par le non usage. Celui à qui il doit être remis à une certaine époque, en est privé s'il néglige d'en jouir, aussi bien que

celui qui l'a recueilli le premier. La raison qu'en
donne la loi, est qu'il serait absurde que celui qui
n'a que la possession de l'usufruit, eût plus de
privilège que celui qui en a la propriété. Elle
appelle propriétaire de l'usufruit celui à qui il a
été laissé directement, et simple possesseur, celui
à qui il doit être transmis. *Qui usumfructum tra-
ditum sibi ex causâ fideicommissi desiit in usu
habere tanto tempore quanto si legitimè ejus factus
esset, amissurus eum fuerit, actionem ad restituendum eum habere non debet. Est enim absurdum
plus juris habere eos qui possessionem duntaxat
ususfructûs, non etiam dominium sint adepti; l.
qui usumfructum* 3, *D, si usufr. petetur.* Il a été
démontré ci-devant que cette transmission d'usufruit ne contenait pas de substitution.

En un mot, chaque fois que quelqu'un possède
l'usufruit, l'usufruitier le perd à la longue, comme
le propriétaire perd sa propriété. Mais cette privation absolue n'est acquise que par le laps de trente
ans utiles, suivant l'article précité 617 du C. C.
Elle est même interrompue par toute convention
ou tout arrangement qu'aura pu faire le possesseur
au nom de l'usufruitier, quel qu'il soit, l'héritier
ou son acquéreur, le légataire de la propriété,
même le voleur qui s'en est emparé. Celui qui
traite avec ce possesseur, au nom de l'usufruitier,
ne peut pas ignorer qu'il existe un usufruitier.
Telle est la décision de la loi *arboribus* 12, § *idem*

eractat 4, *D*, *de usufr. et quemadm. quis*, où on trouve, entr'autres expressions, *ne quidem si possideatur ab alio*, *amitti usumfructum*, *si modò mihi aliquid stipuletur;... parvique referre ab hœrede possideatur*, *vel ab eo cui hœreditas vendita*, *vel cui proprietas legata sit*, *an à prædone*, etc., etc. Voyez encore le § 3. —

N.º 5. Dans tous les cas où l'usufruit est anéanti par défaut de jouissance, la perte ne tombe que sur la portion dont on ne jouit pas. Si on ne tire pas du profit de la totalité, la perte de ce qu'on a abandonné ne réjaillit pas sur le surplus. *Placet vel certæ partis*, *vel pro indiviso usumfructum non utendo amitti; l. placet* 25, *D*, *quib. mod. ususf. amitt.* Car d'après la loi 14, *D*, *eod.*, excepté en mort naturelle ou civile, l'usufruit peut être perdu en partie, et conservé en l'autre partie. Voyez article 126, n. 5, et art. 125, n. 6.

Mais avant d'opposer cette perte, on doit avoir égard à l'intention de l'usufruitier, car l'opinion sur laquelle il est de son droit, arrête la prescription ou lui laisse suivre son cours. Si en connaissance de cause, il ne juge pas à propos d'exercer tous ceux de l'usufruitier, et se contente de ceux de simple usager, son titre à l'usufruit entier ne lui reste pas moins; il le fera valoir quand il voudra, parce que la possession d'une partie est une sauvegarde pour le tout. Mais s'il ignore avoir ledit usufruit, s'il pense n'avoir que l'usage, la prescription court contre lui à l'égard des objets qu'il a délaissés. *Is qui usumfructum habet, si tamen utatur quia existimet se usum tantùm habere, an usumfructum retineat? Et si quidem sciens se usumfructum habere, tantùm uti velit, nihilominus et frui videtur. Si verò ignoret, puto eum amittere fructum. Non enim ex eo quod habet, utitur, sed ex eo quod putavit se habere; l. is qui 20, D, quib. mod. usus. amitt.* Une erreur de cette espèce serait bien étrange. Peut-on jouir d'un objet sans connaître en vertu de quel titre? Cependant ce n'est pas hors de toute impossibilité morale. Mais comment sonder et découvrir l'intention?

N.º 6. Le droit d'usufruit en lui-même subsiste toujours, quoiqu'on n'en tire aucun profit. Il subsiste sur le champ qu'on laboure, malgré sa stérilité qui l'empêche de donner la moindre production. *Nàm etsi agrum aremus, licèt tàm sterilis sit ut nullus fructus nascatur, retinemus usumfructum; l. arboribus 12, § de illo 3, D, de usufr. et quemadm. quis.* Il subsiste également sur l'esclave malade, enfant et vieux, tous lesquels sont hors de service. *Ægrotanti servo, vel infanti cujus operæ nullæ sunt, vel defectæ senectutis homini; § eod.,* même sur l'esclave fugitif qui s'est évadé, § *eod.* On ne peut pas imputer à l'usufruitier le défaut de jouissance.

N.º 7. L'usufruit ne se perd pas par le non usage, lorsqu'il est légué pour en jouir d'une année entre autres ; parce que, dit la loi, la disposition du testateur renferme autant de legs d'usufruit, qu'il y a d'années. *Si ususfructus alternis annis legetur, non posse non utendo eum amitti, quia plura sunt legata ; l. si ususfructus 28, D, quib. mod. ususf. amitt.* Cette loi trop générale a besoin d'explication. Le défaut de service entraîne la perte de l'usufruit, dans ce cas comme dans tout autre, malgré la multiplicité des legs dont parle la loi. Mais la prescription ne commence que de l'année où doit commencer l'usufruit. Ainsi, celui-ci ne devant commencer que la seconde année, par supposition, la prescription ne commence à courir que de cette seconde année, d'après la loi *cùm notissimi 7, § in his 6, cod. de præscr.* 3o, *vel* 4o *annorum.* La prescription de ce qui doit être *per aliquod singulare tempus* ne court pas, *ab exordio obligationis, sed ab initio cujuscunque anni vel mensis.* S'il commence la première année, la prescription court bien de ce jour-là, mais comme la perception des fruits ne doit être que de deux années l'une, la prescription est suspendue pendant l'année qu'elle ne doit pas avoir lieu ; à ce compte-là, au lieu d'être acquise au bout de 3o ans, en partant de l'instant où on aurait dû jouir, elle ne le serait qu'au bout de 6o. Il faudrait faire un calcul proportionnel sur l'usufruit laissé pour en jouir de mois en mois. La susdite loi 28, rejette toute espèce de prescription dans cette espèce de legs, par quelque laps de

temps que ce soit. Mais, comme le dit M. Merlin,
Répertoire de jurisprudence, *V.*^{bo} *usufruit*, sect. 5,
art. 3, *in fine* : cette subtilité se concilierait diffi-
cilement avec la disposition générale de l'art. 917
du C. C. J'ose avancer plus que ce célèbre jurisconsulte, et dire qu'elle est absolument inconci-
liable. Voyez ci-devant art. 92, page 97, tome 1.

N.º 8. Le mineur qui ne jouit pas de l'usufruit,
ne le perd pas, parce que la prescription ne court
pas contre lui pendant sa minorité. *An ergo hic
nec non utendo amittatur ?.... Et manifestum est
restaurari debere ; l. sed si pecunia 3, § nec ususfructus 5, D, de rebus eor. qui sub tutelâ.*

N.º 9. L'usufruitier perd bien son usufruit par
la prescription acquise contre lui, mais nul ne peut
prescrire l'usufruit au préjudice du propriétaire,
*ususfructus usucapi non potest; l. justo 44, § non
mutat 5, D, de usurp. et usuc.* L'usufruit ne peut
être établi que par titre. Ainsi le propriétaire ré-
clamera en tout temps la jouissance de son bien.
Mais celui qui a perçu les fruits par temps suffisant à prescrire la propriété, ne pourra-t-il pas
prétendre avoir joui comme propriétaire, et avoir
prescrit la propriété. Voyez ci-devant, art. 113.

N.º 10. Dès-lors que l'usufruit se termine à une
certaine époque, l'usufruitier ne peut pas en prolonger la durée en le léguant à un autre; un pareil legs sera nul, à moins que l'usufruitier n'ac-

quierre la propriété avant l'expiration de son usufruit; *si usumfructum habeam, eumque legaverim, nisi posteà proprietatem ejus nactus sim, inutile legatum est; l. quod in 24, D, de legatis. 1°.* Ayant acquis la propriété, il lui est loisible d'établir un usufruit en faveur de qui bon lui semble, comme il a été dit, p. 55, art. 21, tom. I, mais alors c'est une nouvelle constitution d'usufruit, non une prolongation du premier, puisque au moyen de cette acquisition, la consolidation s'est opérée de droit, comme on l'a vu, art. 123.

N.° 11. On peut dire que l'usufruit cesse quelquefois avant de commencer; par exemple, il m'est légué sous condition. Le propriétaire ignorant cette condition, me le délivre, croyant qu'il m'est légué purement et simplement. Avant l'événement de la condition, je meurs. Dès-lors l'usufruit est éteint. Par ce moyen, il est fini avant d'avoir commencé de droit, quoiqu'il ait commencé de fait. C'est à ce trait là que se rapporte le § 1, de la loi 3, *D, usufr. quemadm. cav.* Voyez article 43.

N.° 12. L'usufruit laissé à une ville, un corps, une communauté, ou autre établissement qui ne meurt pas, était prolongé jusqu'à cent ans par les lois *an ususfructus* 56, *D, de usufr. et quemadm. quis*, et *si ususfructus municipibus* 8, *D, de usu et usuf.* Mais l'article 619 du C. C. le restreint à trente ans. La loi *computationi* 68, *D, ad leg.*

falcid. semble vouloir le réduire au même laps de trente ans ; mais on prétend qu'elle ne regarde qu'un calcul pour la fixation de la quarte-falcidie. Cette restriction est de toute justice. Il était bien dur à un propriétaire d'attendre un siècle pour acquérir la jouissance, pendant lequel siècle plusieurs générations avaient le désagrément de voir leur bien entre les mains d'autrui, et cependant de supporter les charges dont ils étaient tenus en qualité de propriétaires.

Ce temps de trente ans sera abrégé s'il arrive un malheur à cette ville, qui aille jusqu'à sa destruction totale, par incendie, tremblement de terre, prise d'assaut, et autre cause de démolition entière, de manière qu'elle soit rasée au point d'y passer la charue. *Si ususfructus civitati legetur, et aratrum in eâm inducatur, civitas esse desinit, ut passa est Carthago, ideòque quasi mòrte desinit habere usumfructum ; l. si ususfructus* 21 *, D, quib. mod. ususf. amitt.* Barry, des successions, liv. 9, tit. de l'usufruit, n. 45. Quand un désastre pareil est survenu, la ville étant anéantie, n'y restant pas pierre sur pierre, ce n'est plus une ville. Les habitans sont dispersés ; et quoiqu'ils se réunissent par la suite pour en bâtir une autre, l'usufruit ne serait pas moins éteint, parce que ce serait une autre ville, non la même. Mais s'il reste quelques maisons, et le peu qui subsiste conserve l'usufruit. Telle doit être la conséquence des principes sur l'extinction de l'usufruit. Il suit encore de ces principes que si la communauté, le corps, vient à être supprimé, l'usufruit est éteint. Voyez ci-après, art. 127.

On peut ajouter ici un exemple d'extinction d'usufruit, non pas par l'anéantissement de la communauté, mais par changement de domicile; Les religieuses de Chazaux avaient droit de chauffage dans les bois du sieur Cornillon. Elles furent transférées à Lyon. L'éloignement les empêchant d'y faire transporter le bois, elles prétendirent que le sieur Cornillon leur devait payer en argent ledit chauffage ou au moins consentir qu'elles l'affermassent. Arrêt du parlement de Paris qui les déboute. Cet arrêt, dit Henrys, liv. 3, quest. 35, qui le rapporte, a jugé que le droit de chauffage n'est qu'une simple faculté qui se perd par la retraite et absence des personnes.

§. IV.

Des abus de la part de l'Usufruitier.

ART. 125. N.º 1. L'article 618 du C. C. dit que l'usufruit *peut* cesser par l'abus que l'usufruitier fait de sa jouissance, soit en commettant des dégradations sur le fonds, soit en le laissant dépérir faute d'entretien. Ainsi l'usufruitier est punissable pour ses voies de fait, et pour sa négligence.

Peut cesser, porte la loi. L'usufruitier n'est donc
pas privé de plein droit. Le propriétaire doit demander en justice là punition dudit usufruitier
qui dégrade effectivement le bien, ou qui néglige
l'entretien dont il est tenu. Sur cette demande,
les juges discerneront si les dégradations ou la
négligence sont assez considérables pour prononcer
son expulsion, et dans le cas où ils déclareraient
qu'elle doit avoir lieu, le même article abandonne
à leur prudence de la prononcer purement et
simplement, ou de ne permettre au propriétaire
d'entrer en jouissance du bien, qu'à la charge de
lui payer une redevance annuelle.

Les créanciers de l'usufruitier ont droit d'empêcher l'un et l'autre, d'après le même article,
en offrant de réparer les dégradations ou la négligence, et des garanties pour l'avenir, par la
même raison qu'ils peuvent, art. 622 du C. C., et
loi 10, § 15, *D, quæ, in fraud. cred.* faire annuller
la renonciation à l'usufruit qu'il aurait faite à leur
préjudice. Bretonnier sur Henrys, liv. 5, quest. 120,
agite la question si le père peut renoncer à l'usufruit du bien de ses enfans. Il établit à ce sujet
des distinctions ; mais ledit article 622 n'en admet
aucune.

La proposition des créanciers n'est admissible
qu'autant que le juge la trouvera convenable. Ils
ne doivent pas obtenir plus de faveurs que l'usu-

fruitier. Ainsi, malgré leurs offres, le juge pourra ordonner le désistat, suivant les circonstances, et examiner si leur intervention est fondée.

Suivant les auteurs des Pandectes françaises, page 327, l'usufruitier et ses créanciers auront la faculté de demander en cause d'appel, et jusqu'à jugement définitif, à faire les réparations nécessaires, et à donner des sûretés pour la conservation de la chose; il doit leur être accordé un délai pour remplir leurs obligations.

Les lois romaines n'étaient pas plus indulgentes. *Finitur autem ususfructus... non utendo per modum et tempus;* Inst. liv. 2, tit. 4, § 3. La loi *hoc amplius* 9, § *celsus* 5, *D, de damno inf.* dit que si l'usufruitier néglige de faire aux bâtimens les réparations nécessaires, l'usufruit doit lui être enlevé. *Idem ait eum quoque fructuarium qui non reficit, à domino utifrui prohibendum;* Loiseau du déguerpissement, liv. 5, n. 12, prétend qu'il résulte des termes de cette loi que l'exclusion n'est pas encourue *ipso facto*, que la loi ne dit pas *amittat*, mais *uti frui prohibendum*.

En vertu de cet ancien principe observé de tout temps, le parlement de Bordeaux, par arrêt du mois de janvier 1521, a ôté l'administration des biens de son fils à un aïeul qui en avait l'usufruit légal par la puissance paternelle, quoiqu'il offrît caution. On lui réserva seulement des alimens suivant son état; voyez Papon, en ses arrêts,

liv. 14, tit. 2, art. 6. Pareil arrêt au parlement de
Toulouse, dont parle Maynard, en ses questions,
liv. 8, chap. 7, sans date, mais postérieur à celui
de Bordeaux. Les auteurs se fondent sur la loi
imperator 5o, *D, ad senatus. Trebell.*, et argu-
mentent de la loi *si cùm dotem*, § 8, *V.^{bo} sin
verò, D, solut. matr... Nec enim lex ei concessisse videtur ut filium expoliet, et substantiam
illius laceret, et profundat.* Le Répertoire de jurisprudence, *V.^{bo} usufruit*, sect. 5, art. 4, rapporte un autre arrêt bien plus récent du même parlement de Bordeaux, du 3o août 1779, qui déclare
une aïeule déchue de son droit d'usufruit, pour cause
de dégradations commises dans les biens de son
petit-fils, mais lui adjuge une pension équivalente.

Boyer, décision 61, s'appuyant sur l'avis d'autres
auteurs, comprend dans le cercle de mauvaise administration les duretés qu'exerce envers ses enfans
légitimes un père veuf qui a pris chez lui une
concubine de laquelle il a des enfans naturels.

En vain l'usufruitier essaiera-t-il de se mettre à
l'abri de l'expulsion, sous prétexte qu'il a fourni
caution; parce que, dit Faber en son code, liv. 3,
tit. 23, défin. 2, d'après la loi *quia* 6, *D, de
suspectutor.*, et les Instituts, liv. 1, tit. 26, § 12,
*satisdatio non mutat malevolum propositum satis-
dantis, sed diutiùs grassandi in re alienâ facul-
tatem præbet*; et il rapporte un arrêt du sénat
de Chambéry, du mois de décembre 1592, entre

Nicolas Danise, et la veuve Albert, qui sans avoir égard à la prestation de caution, expulse l'usufruitier. On a vu plus haut que le parlement de Bordeaux avait refusé la caution offerte postérieurement aux dégradations.

J'ai déjà parlé, art. 59, des punitions à encourir, en cas de dégradations.

N.º 2. Si le juge trouve que l'usufruitier doit être expulsé, il pourra l'être sur-le-champ. Le § *habet* 6, de la loi 1.ʳᵉ, *D*, *ususfr. quemadm. caveat*, après avoir dit que la caution doit avoir deux objets, le premier de jouir en bon administrateur, *unam si aliter quis utatur quàm vir bonus administrabitur*, ajoute que la recherche de la caution, par conséquent l'expulsion s'il y a lieu, sera demandée aussitôt après la mauvaise administration, *statim committitur quàm aliter fuerit usus*, ce qui arrivera souvent *et sæpissimè committetur*. Le § *utilius* 5 de ladite loi permet également de recourir sur la caution tout de suite après ladite administration sans attendre la fin de l'usufruit; *committetur stipulatio statim, nec expectabimus ut amittatur ususfructus.* Ce recours sur la caution regarde seulement le dédommagement des dégradations commises, mais n'empêche pas le renvoi de l'usufruitier, comme on vient de le voir, pour éviter d'autres dégradations à l'avenir. Le juge examinera dans sa sagesse si la détérioration est assez forte pour attirer un pareil affront sur la personne de l'usufruitier, et s'il décide qu'oui, il l'ordonnera sans plus long délai.

N.º 3. L'usufruitier est bien privé du droit de toucher par lui-même le produit du bien, mais non du revenu. On lui accorde ordinairement une pension proportionnée à la valeur nette de l'usufruit.

N.º 4. La mauvaise administration ne saurait tomber sur l'usufruit de l'argent comptant, parce qu'il ne peut être détérioré. Le légataire ayant fourni caution de rendre pareille somme, en fera l'emploi qu'il jugera à propos. Il le placera, ou le laissera oisif dans son coffre, suivant son caprice. La restitution dudit argent ne peut être anticipée avant le temps marqué pour la jouissance, qu'en deux cas, par la mort naturelle, ou par la mort civile; *hi duo soli casus, quoniam pecuniæ usus aliter amitti non potest, quàm his casibus; l. etsi* 7, § 1, *D, usufr. et quemadm. caveat.* Cette loi parle de l'étendue de l'obligation de la caution; ce qu'elle contient s'applique à l'usufruit même. La loi *quoniam* 10, *D, de usuf. ear. rer. quæ,* répète à la suite de la loi 9 précédente, *quoniam pecuniæ usus aliter amitti non potest, quàm his casibus.*

N.º 5. On a vu, page 149 et suiv. du tom. 1, que l'usufruitier abusait en changeant la forme des lieux, et page 159, qu'il ne peut pas convertir les vignes en prés, etc. On ne doit pas juger des changemens à cet égard que l'usufruitier opère, par ceux qui proviennent du fait du propriétaire, dont il sera parlé art. 128, n. 1. Pour éviter ces changemens, le propriétaire fera bien de procéder à un état des lieux, contradictoire avec l'usufruitier.

N.º 6. Dumoulin, cout. de Paris, tit. 1, glos. 1, n. 46, prétend que si la malversation ne s'étend pas sur tout l'objet usufruité, la perte de l'usufruit doit être restreinte à la partie mal gouvernée; *non tamen dico quòd in totum privetur ususfructuarius, sed fructibus in quibus fraudem fecit, ut pœna commensuretur delicto, nec illud excedat.* Il se fonde, entre autres, sur la loi *hæres* 11, *D, de his quos ut indig.* où on trouve, en parlant d'une autre question, *in eâ parte quæ fraudem adhibuit.* Voyez art. 124, n. 5. Mornac, sur la loi *item si fundi* 9, *D, de usufr. et quemadm.*, appuie l'opinion de ce célèbre père de la jurisprudence dont il exalte tellement les lumières, que sans lui, dit-il, la jurisprudence française serait manchote, *sine quo manca foret jurisprudentia nostra gallica.* Mornac appuie encore l'opinion de Dumoulin et la sienne, sur la disposition des coutumes de Bourbonnais et de Touraine. Cependant si la mauvaise gestion tombait sur un objet d'importance, d'où tout le surplus de l'usufruit se ressentit, ne serait-il pas juste qu'il fût expulsé de la totalité?

J'ai rapporté l'éloge pompeux que Mornac a fait de Dumoulin. Il est malheureux pour un grand homme que toutes les opinions ne soient pas uniformes sur son compte. Mornac le donne pour un savant interprète des lois romaines, tandis que Bretonnier sur Henrys, livre 6, quest. 60, dit : « Dieu lui avait donné les lumières pour éclairer les ténèbres du droit coutumier, mais il ne lui avait pas accordé le même don pour les matières du droit écrit : c'est en cela que le président Faber a eu raison de dire que Dumoulin comparé à Cujas, n'est qu'un néant. *Si cum Cujacio in jurisprudentiâ conferatur, meo judicio nullus homo est.* »

N.° 7. Il existe deux autres causes d'extinction d'usufruit qu'on ne peut pas dire résulter des abus commis par l'usufruitier, qui ont cependant trait à la cessation de l'usufruit provenant du fait des personnes.

La première, est la rentrée dans son bien par le propriétaire, qui l'a transmis sur la tête de celui qui a constitué l'usufruit. La résolution du droit de celui-ci entraîne nécessairement celle du droit de l'usufruitier. Par exemple, un particulier a vendu, sous la faculté de réméré, un immeuble dont l'acquéreur aura donné l'usufruit à un tiers ; le vendeur exerce la faculté de réméré ; l'usufruit est éteint.

Par la même raison, la révocation d'une donation opérée par les clauses mentionnées aux art. 953 et suiv. du C. C., entraînera la révocation de l'usufruit créé par le donataire sur les biens donnés.

N.º 8. La seconde cause d'extinction d'usufruit est la renonciation volontaire de l'usufruitier.

Cette renonciation ne peut pas être faite au préjudice des créanciers. Si l'usufruitier avait assez peu de délicatesse pour s'en désister à leur préjudice, en faveur du propriétaire, les créanciers seraient fondés à s'y opposer, en vertu de l'article 622 du C. C. *Gesta fraudationis causá accipere debemus*, si quelqu'un *usumfructum aut servitutem amittit*, dit la loi *vel ei* 3, § 1, *D*, *quæ in fraud. credit*. Il résulte de cette loi, ainsi que des lois 1.ʳᵉ et 10, § 15, du même titre, qu'on ne peut pas plus se dépouiller de l'usufruit que de la propriété au préjudice des créanciers.

Ce principe général pour tout le monde, a essuyé une variété d'opinions à l'égard de l'usufruit du bien de leurs enfans dont jouissent les père et mère. L'auteur des nouvelles observations sur Henrys, tom. 2, liv. 4, quest. 127, se fondant sur deux arrêts rendus entre des habitans soumis aux coutumes de Poitou, et de Normandie, prétend que leur renonciation est toujours valable. Bretonnier sur le même Henrys, liv. 5, quest. 120, distingue entre l'usufruit attribué au père en vertu de la puissance paternelle, et celui qui lui a été donné par quelqu'un. Il peut renoncer au premier sans que les créanciers aient à s'en plaindre, attendu que c'est un bénéfice de la loi, et que *nemini invito beneficium datur.* Mais il lui est défendu de se départir de celui qui lui provient par la disposition de l'homme, d'après la loi 10, § 15, D, *quæ in fraud. credit.* Catelan, liv. 6, ch. 14, Vedel son continuateur, et Serres en ses Inst., liv. 2, tit. 4, § 1, rejettant cette distinction, prohibent, au contraire, dans tous les cas le désistement du père à l'usufruit, pour frustrer les créanciers.

Le même Catelan, liv. 2, ch. 45, parle d'un arrêt du parlement de Toulouse; Lapeyrère, let. D, n. 28, en rapporte un du parlement de Bordeaux, et moi, dans la jurisprudence de cette cour, au mot *créancier*, n. 4, j'ai rapporté une attestation du barreau de ladite cour, portant que le père et la mère qui ont fait à leurs enfans donation de la totalité ou de partie de leur bien, sous la réserve de l'usufruit pendant leur vie, n'ont pas la liberté de s'en dépouiller au préjudice des dettes par eux contractées intermédiairement entre la donation et la remise de l'usufruit auxdits enfans.

Depuis ledit article 622 du C. C., qui n'admet aucune distinction et parle généralement, il ne doit plus subsister d'incertitude vis-à-vis quelque espèce d'usufruitier que ce soit.

Au surplus, on peut voir Henrys, à la susdite question 120, et d'Olive, liv. 5, ch. 29, qui entrent dans une longue discussion sur la remise anticipée des fidéicommis, au préjudice des créanciers. La doctrine qu'ils y enseignent n'est pas étrangère à la remise de l'usufruit.

L'ascendant qui a renoncé à l'usufruit en faveur du descendant, ne le reprend pas par droit de retour en cas de prédécès du donataire, suivant la maxime *ususfructus semel extinctus nunquam reviviscit*; voyez le nouveau Lapeyrère à la fin du mot *usufruit*. J'ai avancé le même principe dans la jurisprudence du parlement de Bordeaux, pag. 508. L'usufruit se réunit avec la propriété sur la tête de l'héritier du descendant.

Autre chose est la renonciation à un droit acquis, autre chose est la faculté de réclamer ce droit. Tout accès est fermé à l'égard de celle-ci, aux créanciers. C'est le cas plus que jamais, d'appliquer l'adage susdit *nemini invito beneficium datur*. Antoine Vigeral avait institué son fils héritier universel en la propriété de ses biens, dont il avait laissé à sa femme l'usufruit. Un créancier de François Vigeral fils fit saisir les fruits, prétendant que, suivant les lois de ce temps-là, la mère usufruitière générale devait être restreinte aux purs alimens, qu'au moins le fils devait avoir une légitime dont les revenus ne pouvaient lui être enlevés. Sur l'opposition faite à la saisie par la mère, le fils répond que par respect pour l'intention de son père, et par attachement à sa mère, il ne veut ni demander sa légitime, ni la réduction aux alimens. Arrêt du parlement de Paris, le 24 juillet 1584, qui

annulle la saisie, ordonne la main-levée des fruits
en faveur de la mère dont l'opposition est déclarée
faite pour bonne et juste cause, sauf au créancier
à faire vendre, si bon lui semble, la propriété,
sous la réserve de l'usufruit en faveur de la mère.
Papon, liv. 14, tit. 2, art. 2.

Le tuteur ne peut pas plus vendre l'usufruit
qui appartient au mineur, que la propriété, soit
que le mineur n'ait qu'un simple usufruit, soit
qu'il réunisse la propriété à l'usufruit; *l. sed si
pecunia 3, § nec ususfructus 5, D, de rebus eor.
qui sub tutelâ.* Cette loi porte la même prohibition à l'égard de l'usage. Le tuteur ni le mineur
ne peuvent donc renoncer ni à l'un ni à l'autre
sans autorisation de parens. Voyez l'art. 461 du C. C.

N.º 9. On doit encore comprendre dans le nombre des abus que commet l'usufruitier, celui de
sa propre personne, c'est-à-dire, la mauvaise conduite de la veuve. Le déréglement de mœurs l'a
fait priver de l'usufruit contenu dans ledit art. 384
du C. C. La cour de Limoges l'a jugé une première fois, le 16 juillet 1807; cette cour se décida
par la disposition de l'art. 386, qui ôte cette jouissance à la mère qui convole. Elle a pensé que celle
qui vit impudiquement mérite bien plus cette punition. Elle a cru inutile d'examiner si elle avait
commis des dégradations suffisantes dans les biens,
et si la caution par elle offerte était solvable ou
non. Le second arrêt est du 2 avril 1810. Dans

l'espèce de celui-ci, la mère avait été privée de la tutelle. Le conseil de famille avait attesté les dégradations, et autorisé le tuteur à la poursuite de la privation d'usufruit, à raison de ces dégradations. Pendant l'appel, elle donna le jour à un enfant naturel. Elle dénia les dégradations, mais la cour les trouva complétement établies, et la déclara déchue, sur le double motif des dégradations certifiées par le conseil de famille, et de son inconduite.

La cour d'Aix a cru devoir juger le contraire, le 30 juillet 1813. Cependant M. d'Eygonat, de Montmeyan, premier avocat général, avait doctement refuté les moyens sur lesquels la veuve s'appuyait: 1.º, disait-il, les secondes nôces sont conseillées par la nature, par l'intérêt de l'état, permises par la religion; néanmoins l'art. 386 du C. C. prive de l'usufruit la mère qui se remarie, et on voudrait que la loi traitât avec plus de faveur qu'un lien sacré, un concubinage honteux. Inutilement objecterait-on que le C. C. n'a pas établi cette peine contre la mauvaise conduite, et que les peines ne se suppléent pas. Ce n'est pas suppléer une peine, que penser que celui qui est le plus coupable ne doit pas échapper à celle qui est infligée à celui qui est moins coupable. 2.º La loi, dit-on, punit les secondes nôces, parce qu'elle suppose que le nouveau mari pourrait abuser de l'empire qu'il a naturellement sur son épouse pour opérer le détriment des enfans du second lit, tandis que l'impudicité de la veuve, qui ne convole pas, n'inspire pas la même crainte. Mais qui peut espérer qu'une femme qui s'oublie au point de ne plus se respecter elle-même, respectera d'avantage les devoirs de mère, sera moins prodigue du bien de ses enfans que de ce qui lui est le plus précieux, son honneur? Qui ne sait que l'empire des passions criminelles est bien plus puissant que celui d'un penchant légitime? Les lois auraient-elles manqué de prévoyance là où il en fallait le plus? Est-il permis de supposer qu'elles aient redouté l'ascendant d'un second mari plutôt que celui d'un corrupteur? 3.º La mère, dit-on encore, a été appelée par la nouvelle législation à exercer la puissance paternelle; l'usufruit légal est incontestablement un des droits de cette puissance, que la conduite de la mère ne peut lui faire perdre. Mais la puissance paternelle ne lui a pas été déférée dans toute sa plénitude; on doit plutôt argumenter des lois qui concernaient autrefois la garde-noble et bourgeoise. Les auteurs ont décidé que la veuve coupable devait être privée, aussi bien que celle qui se remarie, de la garde du bien de ses enfans. Cette opinion a été adoptée par l'un des commentateurs les plus recommandables du C. C., le professeur Dalvincourt. Ce savant Magistrat conclut néanmoins à ce qu'on adjugeat à la mère une pension alimentaire proportionnée au nombre de ses enfans. La cour convint qu'il serait à désirer pour l'intérêt des mœurs que la loi eût étendu à l'inconduite de la mère l'exclusion de l'usufruit, mais ne pût pas se résoudre à suppléer au silence de la loi.

A l'appui des arrêts rendus par la cour de Limoges, j'ajouterai que, par comparaison de la femme qui se comporte mal avec celle qui convole, l'usage constant a toujours été de punir la première par la privation d'une partie de ses avantages, même de la succession de ses enfans du premier lit. On trouve plusieurs arrêts dans les auteurs du parlement de Toulouse ; voyez Catelan et Vedel, Maynard, Larocheflavin. Lapeyrère, auteur du parlement de Bordeaux, dit, let. U, n. 66, la veuve qui mène une vie impudique perd tous les privilèges que lui donnait la dignité de son mari. Son apostillateur ajoute, celle qui malverse est plus coupable que celle qui se remarie avec un roturier, néanmoins celle-ci perd ses privilèges, par conséquent et à *fortiori* celle qui malverse doit les perdre. Le même Lapeyrère, let. D, n. 100, avait dit, la veuve qui forfait de son corps.... doit perdre, comme indigne, l'usufruit qui lui est délaissé par son mari. On peut encore voir les auteurs du parlement de Paris, notamment Henrys et Bretonnier, liv. 4, quest. 66 ; Brodeau, etc., d'après cela, n'est-on pas fondé à soutenir que l'extention de l'art. 386 va de droit sur la femme impudique ?

La jouissance de l'usufruit cessera à l'égard de la mère, dans le cas d'un second mariage. Voilà une époque fixée par ledit art. 386, le jour du mariage. Celle de la cessation à l'égard de l'impudique n'est pas aussi facile à connaître. Elle doit être prononcée du jour de la demande, non de celui de la condamnation que la veuve pourrait trouver moyen d'éluder pendant long-temps.

N.º 10. La privation tombe aussi sur l'usufruit conventionnel, tant contre le mari que contre la femme, quand le prémourant ne l'a laissé au survivant qu'à condition qu'il ne se remarierait pas; novelle 22, chap. 23 et 32. Dans ce cas, celui qui viole la condition imposée est puni. Maynard, liv. 8, ch. 93, rapporte un arrêt du parlement de Toulouse qui l'a ainsi jugé contre une veuve, non-seulement à l'égard de l'usufruit, mais encore à l'égard de la propriété, quoique la donation eût été faite par contrat de mariage mutuellement entre le mari et la femme. Lorsqu'on transgresse la condition sous laquelle la libéralité a été laissée, on s'en rend indigne. Il est bien vrai que dans le temps de la folie révolutionnaire, une certaine loi, du 17 nivôse an 2, (6 janvier 1794) qui a été si fameuse dans son temps, regardait comme non avenue, toute clause qui tendait à empêcher de se marier ou remarier. Mais les nouvelles lois n'ont pas adopté cette singulière disposition.

Une jurisprudence particulière au parlement de

Bordeaux condamnait, dans certaine circonstance, celui qui avait convolé malgré la prohibition, à rendre les fruits à compter du jour du décès du conjoint donateur; on prétendait l'appuyer sur la novelle 22, ch. 44. Mais il y a lieu de croire qu'aujourd'hui il n'y serait obligé que du jour des secondes nôees, s'il se maintenait dans leur possession après cette époque, à moins d'ordre contraire de la part du prédécédé.

§. V.

Du défaut de la chose usufruitée.

Ce défaut provient des changemens opérés par le testateur, après son testament, avant l'ouverture de l'usufruit, et des changemens occasionnés par différens événemens.

Art. 126. N.º 1. Si l'objet sur lequel tombe l'usufruit, vient à se perdre en entier, l'usufruit est éteint. *Est autem jus in corpore, quo sublato, et ipsum tolli necesse est; inst. liv.* 2, *tit.* 4. Les mêmes expressions se trouvent répétées dans la loi *est enim* 2, *D, de usufr. et quemadm. quis.* La loi *corruptionem* 16, *cod. de usuf. et habit.,* présente pour preuve d'extinction, *ipsius rei interitu,* .... *Cùm res vereat,* .... *Cùm rei substantiâ expirare.* L'usufruit s'éteint... par la perte totale de la chose sur laquelle l'usufruit est établi; art. 617

du C. C. Les art. 623, 624, expliquent en partie,
ce qu'on entend par perte totale. Je vais rendre
compte de leurs dispositions.

N.º 2. Le dépérissement du principal entraîne
l'anéantissement de l'usufruit, sur l'accessoire; ainsi,
s'il a été constitué sur un bâtiment qui a totalement péri par incendie, vétusté, ravage des ennemis, tremblement de terre, ou autre événement
malheureux, il n'est pas réservé sur le sol ou
terrein sur lequel était la construction, *eo ampliùs
constat; si œdes incendio consumptœ fuerint, vel
etiam terrœ motu, vel vitio suo corruerint, extingui usumfructum, et ne areœ quidem usumfructum
deberi. Inst.*, *liv.* 2, *tit.* 4, § 3. Il ne l'est pas
non plus sur les matériaux; *rei mutatione interire
usumfructum placet, veluti ususfructus œdium mihi
legatus est; œdes corruerunt, vel exustœ sunt, sine
dubio extinguitur. An et areœ? Certissimum est,
exustis œdibus, nec areœ, nec cœmentorum usumfructum deberi; l. repeti* 5, § *rei* 2, D, *quib. mod.
ususf. amitt.* La loi *quoties duobus* 34, *D, de
usuf. et quemadm. quis,* § *universorum* 2, contient
le même principe qui a été mis au nombre des
lois françaises par l'art. 624 du C. C. Mais si l'usufruit a été donné sur le terrein même, aussi bien
que sur le bâtiment, la destruction de celui-ci ne
nuit pas à l'usufruit.

N.º 3. L'usufruit cesse si bien par la disparution
du bâtiment, que si le propriétaire en substitue

un autre à sa place, l'usufruit ne reprend pas sa vigueur sur la nouvelle construction. *Non tantùm si œdes ad aream reductæ sint, ususfructus extinguitur ; verùm etiam, si demolitis œdibus, testator alias novas restituerit; l. quid tamen 10, § 1, D, quib. mod. ususf. amitt.* La loi *qui usumfructum* 36, *D, de usufr. et quemadm. quis*, après avoir dit que si le testateur a légué l'usufruit d'une aire, c'est-à-dire d'un terrein, y a fait construire une maison qu'il démolit ensuite de son vivant, l'usufruit du terrein qui était anéanti par cette construction, renaît après la démolition, ajoute qu'il n'en est pas de même de l'usufruit du bâtiment même, dont la destruction entraîne pour toujours la perte de l'usufruit malgré la réédification. *Contra autem non idem juris esse si insulæ usufructu legato, area, deinde insula fit.* Si le testateur veut faire revivre l'usufruit, il doit le renouveller par une seconde disposition. Voyez Malleville sur ledit article 617 du C. C., et le n. 8 du présent article.

Dès-lors que l'usufruit périt du vivant même dudit testateur, à plus forte raison périra-t-il après sa mort, et l'usufruitier aura encore moins de droit sur le bâtiment reconstruit par l'héritier. Maynard, livre 8, ch. 38, parle d'un jugement rendu par le sénéchal de Toulouse, qui a débouté une veuve de sa demande. Son mari lui avait donné l'usufruit d'une maison et boutique situées dans la ville de

Toulouse. Un incendie consuma entièrement l'une et l'autre. Les héritiers du testateur les firent rétablir à neuf. La veuve demanda la continuation de son usufruit, offrant de payer sa part des frais de reconstruction; mais inutilement. Il paraît qu'elle n'osa pas interjetter appel. Robert, *rerum judicatarum*, rapporte un arrêt conforme du 24 avril 1584, rendu par le parlement de Paris, dont le même Meynard fait mention.

On voit que peu importe que le changement arrive par le fait du testateur, pendant son vivant, ou par quelque événement après sa mort.

N.º 4. La disparution doit être totale, en sorte qu'il ne reste plus que le terrein nu. Les commentateurs de ladite loi *qui usumfructum* 36, prétendent que le bâtiment sera toujours censé le même si les poutres sont restées en place, et n'ont pas été descendues à terre. *Si non usque ad aream deposita essent tigna, eadem domus diceretur.* Effectivement la loi *inter stipulantem* 83, à la fin du § *sacram* 5, *D, de verbor. obligat.* dit *sicuti de œdibus deposita tigna eâ mente ut reponantur œdium sunt; sed si usque ad aream deposita sint, licèt eadem materia restituatur, alia erit.* Il en doit être également des murs. Si l'incendie ou autre accident les a épargnés, et que le propriétaire rebâtisse dessus, le bâtiment sera censé le même. Il doit donc être ruiné de fond en comble, rasé jusqu'au niveau du terrein, *usque ad aream,* pour enlever toute prétention sur le nouvel édifice. On doit porter le même jugement lorsque les murs, quoiqu'en place, ne sont pas assez solides pour soutenir ce nouvel édifice, de manière qu'il faille les jeter à bas; quoiqu'on les emploie de nouveau, *licèt eadem materia restituatur*, le bâtiment sera tout autre. Le propriétaire, pour éviter toute contestation ultérieure, agira prudemment de faire constater avec l'usufruitier la faiblesse desdits murs. Mais s'il ne veut pas reconstruire, il ne pourra pas être forcé à le faire, comme il a été dit, tom. 1, pag. 175.

Si le bâtiment n'est pas entièrement reconstruit, mais réparé, l'usufruit subsiste toujours. *Sed si hæres refecerit, passurum usumfructuarium uti; l. usuf.* 7, § *hactenus, D, de usufr. et quemadm. quis*, ainsi les dimensions intérieures, le rétablissement des murailles ou du toit, les réparations peu à peu, une portion dans un temps, une portion dans un autre, quoique le bâtiment se trouve à la longue refait à neuf, petit à petit, n'empêcheront pas la continuation de l'usufruit. La loi *quid tamen* 10, § 1, *D, quib. mod. usufr. amitt.* Après avoir dit, comme on vient de le voir, que le remplacement de l'ancien bâtiment par un nouveau ne révivifie pas l'usufruit, ajoute qu'il n'en est pas de même de la reconstruction partielle; *planè si per partes reficiat, licèt omnis nova facta sit, aliud erit nobis dicendum.*

La disparution doit donc être totale pour enlever l'usufruit jusques sur l'emplacement ; mais si elle n'est pas totale et complète, l'usufruit subsiste sur ce qui reste, même sur le sol de la partie qui n'existe plus, parce que ce sol est regardé comme une dépendance de la partie existante. *Si cui insulæ usus-fructus legatus est, quamdiù quælibet portio ejus insulæ remanet, totius soli usumfructum retinet ; l. si cui 53 ; D, de usufr. et quemadm. quis.* L'article 623 du C. C. ne conserve nommément l'usufruit que sur ce qui reste, mais par son silence il ne l'exclut pas du terrain, lequel fait partie de ce qui reste.

L'usufruit étant par ce moyen conservé sur le terrein, l'usufruitier aura-t-il le droit d'empêcher le propriétaire de l'en priver, en y reconstruisant un bâtiment neuf qui ne fasse pas corps avec le morceau restant, et qui ne puisse pas être regardé comme réparation, sous prétexte qu'il ne recouvre pas ledit usufruit sur le bâtiment substitué à l'autre ? Peut-être serait-on fondé à le conclure de la loi *si eo loco* 9, D, *si serv. vindic.*, portant que celui qui a droit de passage sur le fonds d'autrui, a droit d'empêcher le propriétaire d'élever un bâtiment qui nuise à son passage *inhibebo opus tuum* : néanmoins il y a lieu de croire qu'au moyen d'un dédommagement, l'usufruitier sera forcé de souffrir la réédification. Car le nouveau bâtiment sera d'une plus grande importance pour le propriétaire, que le service d'un sol vacant, ne le sera pour l'usufruitier, du moins en général, sauf les exceptions particulières. Dans les villes surtout, l'intérêt public exige l'ornement et l'embellissement des rues, et veut qu'on soustrait aux yeux des passans un coup d'œil aussi triste que celui d'une ruine, ou d'un emplacement vacant.

La disparution peut être totale pour un objet sans toucher à d'autres qui sont voisins. C'est pourquoi un arrêt sans date, du parlement de Paris, que citent Papon, en ses arrêts, liv. 14, tit. 2, n. 4, et Brillon dans son dictionnaire, *V.^{bo}* *usufruit*, n.° 30, conserva à une veuve l'usufruit d'un cellier et d'un puits. Elle était usufruitière de toute la maison qui fut brûlée, et de ses dépendances. Les propriétaires firent reconstruire la maison. Elle prétendait, comme celle dont parle Maynard cité plus haut, faire renaître son usufruit, en remboursant sa portion contingente de la dépense pour la reconstruction. Mais ledit arrêt la borna à la jouissance desdits cellier et puits qui avaient été préservés de l'incendie. Cependant, comme elle n'aurait pu exercer cette jouissance qu'en incommodant les propriétaires, il fut ordonné que le revenu serait estimé à une certaine somme payable chaque année, pendant toute sa vie. La différence qui se trouve entre les espèces de ces deux arrêts, est que dans celui de Maynard, le feu avait tout consumé, tandis que dans celui-ci, il avait épargné le cellier et le puits. C'est d'après ce dernier arrêt, que j'ai avancé que l'usufruitier peut être contraint quelquefois à souffrir la reconstruction.

N.º 5. Le navire est comparé au bâtiment. Si on le radoube en partie, l'usufruit reste toujours; mais s'il est brisé entièrement, quoiqu'on emploie les mêmes poutres et planches à la construction d'un nouveau, sans en ajouter aucune, au cas que les vieilles suffisent, l'usufruitier n'y a plus de droit. *In navis quoque usufructu, sabinus scribit si quidem per partes refecta sit, usumfructum non interire. Si autem dissoluta sit, licèt iisdem tabulis, nullá prætereà adjectá, refecta sit, usumfructum extinctum; quam sententiam puto veriorem; l. quid tamen* 10, § *in navis* 7, D, *quib. modis usuf. amitt.*

A la vérité, la loi *inter stipulantem* 83, § *sacram* 7, D, *de verb. obligat.*, paraît vouloir faire dépendre de l'intention du testateur, la mutation du navire. S'il ne l'a fait détruire que pour en refaire un autre avec les mêmes matériaux, le vaisseau est toujours réputé le même. Mais s'il n'a pas eu d'abord cette intention, quoiqu'il ait changé d'avis par la suite, et ait employé les mêmes matériaux, c'est cependant un vaisseau différent. Mais on peut répondre, qu'outre la difficulté de pénétrer l'intention du testateur et ses variations, cette loi n'a aucun rapport avec l'usufruit, et doit être restreinte à la circonstance pour laquelle elle a été créée. La loi *qui res* 98, § *aream* 8, D, *de solut. et liberat.*, va plus loin, décide sans distinction que le vaisseau reconstruit avec les mêmes planches *eadem navis est.* On peut lui appliquer la même réponse, qu'elle doit être restreinte au cas particulier pour lequel elle a été créée. Elles sont incapables l'une et l'autre de détruire la loi particulière et expresse sur l'usufruit, qui en prononce la cessation, malgré le service des mêmes planches et poutres.

N.º 6. Il est naturel que l'usufruitier obtienne un dédommagement contre celui qui a occasionné l'incendie, ou qui par sa faute est la cause de la perte ou de la diminution de l'usufruit; qu'il en obtienne également contre le propriétaire, qui faute d'avoir travaillé en temps opportun aux réparations nécessaires, a donné lieu à l'écroulement, pourvu qu'il ait pu découvrir que le bâtiment menaçait ruine. Mais je ne crois pas que l'usufruitier ait action contre le testateur qui a laissé écrouler le bâtiment, parce qu'il est censé avoir voulu révoquer son legs par ce moyen, aussi bien que par la démolition réelle. Il serait d'ailleurs de la dernière injustice de le rendre victime de sa générosité.

N.º 7. Un autre changement qui opère l'extinction de l'usufruit est celui de la construction d'un bâtiment sur un terrein dont le testateur a donné l'usufruit pour en jouir après sa mort, parce que l'usufruit n'a pas été légué sur le bâtiment, mais simplement sur le terrein. *Si areæ sit ususfructus legatus, et in eá ædificium sit positum, rem mutari et usumfructum extingui constat; l. repeti 5, § si areæ 3, D, quib. mod. ususfr. amitt.*; parce qu'un terrein où une aire, est un lieu sans édifice, portant le nom d'aire dans les villes, de champ dans les campagnes, dit la loi *fundi appallatione* 211, D, *de verb. signif. — locus verò sine ædificio, in urbe area, rure autem ager appellatur.* Donc, si le testateur a procédé à la construction sur un terrein dont il avait légué l'usufruit auparavant, il est censé avoir révoqué par-là ledit usufruit; un terrein bâti ayant perdu le nom de terrein. Mais si avant sa mort, ce bâtiment est démoli, l'usufruit renaît, comme il a été dit n. 3, et va être dit, n. 8.

Si le bâtiment a été construit, après la mort du testateur par son héritier ou le légataire de la propriété, l'usufruit est bien éteint aussi, en quelque façon, *fructuarius.... amisit usumfructum,* dit la loi *si eo loco* 9, D, *si servit. vindic.* Mais une autre loi fournit à l'usufruitier un remède contre cet attentat. Elle commence par lui donner l'action appelée *ex testamento,* dont le but est de contraindre le propriétaire à exécuter le testament; *Planè si proprietarius hoc fecit, ex testamento vel de dolo tenebitur; l. repeti 5, D, § ult. quib. mod. usuf. amit.* L'exécution du testament consiste à délivrer la chose telle qu'elle est portée par ledit téstament, telle qu'elle se trouve à la mort du testateur, par conséquent sans bâtimens.

La loi suivante lui accorde l'interdit et l'action *quod vi aut clam*, dont l'effet est de faire ordonner la démolition totale des bâtimens. *Sed et interdictum quod vi aut clam usufructuario competit; l. sed et 6, D, eod.* L'interdit s'entend de l'action possessoire, d'où on peut conclure que l'usufruitier, représentant le testateur, a droit d'intenter l'action possessoire, comme ayant joui par le canal du testateur avec lequel il s'identifie, pendant an et jour, le terrein libre et sans aucune espèce de bâtiment au-dessus. Mais il doit venir dans l'an et jour de la construction.

Le § *planè* susdit, lui permet l'action *de dolo* qui se réduit à des dommages-intérêts. On peut donc conjecturer d'après ces deux lois, qu'il dépend de l'usufruitier d'opter entre ces deux voies, ou de se borner aux dommages-intérêts, ou d'exiger la démolition. Mais avant de l'ordonner, les juges feront bien, comme on dit vulgairement, d'y regarder à deux fois. Cet ordre dépend des circonstances. Si l'usufruitier laisse écouler un long-temps sans se présenter, le propriétaire qui n'est pas obligé de le prévenir, pouvant penser qu'il renonce à son droit, ne pouvant pas toujours demeurer en suspens, veut tirer parti de son local; il fait construire. L'usufruitier, qui a son retard à s'imputer, aurait mauvaise grâce de demander la démolition. D'un autre côté, le propriétaire s'empressera de bâtir aussitôt après le décès du testateur, il n'est pas juste que sa précipitation lui profite, surtout s'il a eu intention de priver l'usufruitier de la jouissance du terrein. Au surplus, il y a bâtiment et bâtiment. Tel sera de grande importance, tandis que tel autre ne le sera pas.

Quelque parti que prennent les juges, l'usufruitier pourra s'adresser directement à eux, sans égard aux subtilités des lois romaines, parce que l'usufruit lui étant acquis dès le moment du décès, l'héritier n'a pas pu lui porter atteinte.

N.º 8. Quel que soit le constructeur, l'usufruit renaît de ses cendres, dès l'instant que le bâtiment n'est plus sur pied, comme s'il n'y en avait jamais eu. La loi *qui usumfructum* 36, *D, de usuf. et quemadm. quis*, le décide ainsi à l'égard du testateur. *Qui usumfructum areæ legaverat, insulam ibi ædificavit, et vivo eo decidit vel deusta est, usumfructum deberi existimavit.* S'il fait démolir de son vivant, le bâtiment est censé n'avoir jamais existé. La loi *si in areá* 71, *D, eod.*, le décide à l'égard du légataire de la propriété et tout autre. *Si in areá cujus ususfructus alienus esset, quis ædificasset intra tempus quo ususfructus perit, superficie sublatá, restitui usumfructum veteres responderunt.* La même décision se trouve dans les lois *fundi* 8, *et sed* 9, *D, quib. mod. ususf. amitt.* — *Fundi usufructu legato, si villa diruta sit, ususfructus non extinguitur, quia villa fundi accessio est, non magis quàm si arbores deciderint. Sed*

eo quoque solo in quo fuit villa, uti frui potero.
La loi suppose que la maison est accessoire du
fonds ; mais il en est de même lorsque le fonds
est accessoire du bâtiment. *Quid tamen si fundus
villæ accessio fuit ? Videamus ne etiam fundi
ususfructus extinguatur ; et idem dicendum est ut
non extinguatur ; l.* 10 *D, eod.* Voy. ci-devant, n. 3.

La raison de la différence entre le bâtiment et le
terrein est sensible. Le sol n'a pas reçu de changement ; il recouvre son premier état après la disparution du bâtiment ; il redevient le même terrein qui a été légué, tandis que le bâtiment reçoit une forme nouvelle, quoique construit sur le
même plan ; ce n'est plus celui qui a été légué ;
c'en est un autre. Sa figure quoique ressemblante
à celle du premier, ne peut pas être cependant
regardée comme la même forme. *Nam mutatà forma propè interemit substantiam ; l. Julianas* 9, §
si quis 3, *D, ad exhibendum.*

Il ne faut pas confondre ce cas-ci où le bâtiment est démoli avant l'ouverture de l'usufruit,
de celui dont il a été parlé plus haut, où le bâtiment ne disparaît qu'après ladite ouverture.

N.º 9. Tout ce qui vient d'être dit ne regarde
que le legs d'un ou plusieurs objets particuliers,
non le legs d'usufruit universel sur tous les biens
du testateur. Alors l'usufruitier jouira de la maison
bâtie ou rebâtie après coup, sur l'emplacement,

parce que, dit la loi, ce legs comprend non-seulement ce qui est en espèce, mais encore la substance de tous les biens. Or un terrein fait partie de cette substance. *Universorum bonorum, an singularium rerum ususfructus legetur, hactenùs interesse puto ; quòd si ædes incensæ fuerint, ususfructus ædium specialiter legatus peti non potest. Bonorum autem usufructu legato, areæ ususfructus peti poterit, quoniam qui bonorum suorum usumfructum legat.`, non solùm eorum quæ in specie sunt, sed et substantiæ omnis usumfructum legare videtur. In substantiâ autem bonorum etiam areâ est; l. quoties* 34, § *universorum* 2, *D, de usuf. et quemadm. quis*. Il résulte de cette loi que les matériaux du bâtiment écroulé sont au service de l'usufruitier universel. Voyez ci-après, art. 128, à la fin du n. 1.

N.º 10. Le legs de la propriété offre une distinction remarquable entre lui et le legs de l'usufruit, en ce que le légataire d'un terrein en recouvre la propriété, lorsque le bâtiment qui avait été construit dessus est enlevé; *l. si chorus* 79, § 2 et 3, *D, de legat.* 3. Bien plus si le testateur, après avoir légué le terrein, y fait construire, le bâtiment appartiendra au légataire, à moins de déclaration contraire de la part dudit testateur; *l. servum filii* 44, § *si areæ* 4, *D, de legat.* 1, pourvu qu'il subsiste encore lorsque le legs sera dû.

ART. 127. N.º 1. Ce n'est pas par la seule construction d'un bâtiment, que le terrein peut recevoir de l'innovation, il le peut encore par d'autres événemens fâcheux. Il est inondé au point de n'être plus qu'un étang ou un marais ; il est dénaturé ; plus d'usufruit à son égard. *Agri vel loci usufructus legatus, si fuerit inundatus ut stagnum jam sit aut palus, procul dubio extinguetur ; l. quid tamen* 10, § *agri*, 2, *D, quib. mod. ususf. amitt.* Qu'importe, dit la Glose, que l'inondation survienne avant ou après la mort du testateur. *Si ager cujus ususfructus noster sit, flumine vel mari inundatus fuerit, amittitur ususfructus l. si ager* 23, *D, eod.* Cette inondation, ajoute la loi, fait même perdre la propriété au légataire de ladite propriété, *cùm ipsa etiam proprietas eo casu amittatur.* Cette perte est telle, que si l'eau a porté avec elle du poisson, la pêche n'appartient pas à l'usufruitier. Quoiqu'il se se l'adroge, il ne couvre cependant pas l'usufruit ; *ac ne piscando quidem retinere poterimus usumfructum ; dictâ l. si ager.*

Afin que l'inondation porte un coup aussi fatal que celui de l'anéantissement de l'usufruit, il faut que le terrein soit totalement dénaturé, car si le débordement n'est que passager, que l'eau se retire comme elle est venue, *eodem impetu*, c'est-à-dire, *simili impetu*, l'usufruit est censé n'avoir jamais été interrompu ; la propriété ne l'ayant pas été non plus, l'usufruit doit l'être encore moins. *Sed quemadmodum si eodem impetu discesserit aqua quo venit, restituitur proprietas ; ità et usumfructum restituendum dicendum est ; dictâ l. si ager ;* parce que ce terrein, *id solum*, n'a pas changé de nature, a conservé toujours son même état, dit la loi suivante *Cum usumfructum* 24. — *Cùm usumfructum horti haberem, flumen hortum occupavit, deinde ab eo recessit; jus quoque ususfructûs restitutum esse, labeoni videtur, quoniam id solum perpetuò ejusdem juris mansisset.* On trouvera le même principe à l'égard du propriétaire, dans le § *alia sanè* 24, *Inst. de rer. divis.*

Par suite de ce principe, le champ envahi par l'ennemi, et l'esclave pris, rentrent sous la possession de l'usufruitier lorsque l'un est abandonné, l'autre relâché. *Si ager ab hostibus occupatus, servus-ve captus liberatus fuerit, jure post liminii restituitur ususfructus; l. si ager, ab hostibus* 26, *D, eod.*

Il en est de même en propriété; *l. adeò* 7, § *aliud fame* 6, *et l. ergo* 30, § *alluvio* 3, *D, de acquir. rer. domin.*

Les termes de ladite loi *si ager cujus* 23, pourraient donner à croire que l'eau doit laisser promptement le terrein à sec, *eodem impetu*; ou au moins n'y séjourner que peu de jours. Il faut cependant penser qu'en quelque temps qu'elle l'abandonne l'usufruit reprend son cours, pourvu que celui qui est fixé pour sa durée ne soit pas expiré. Ladite loi *cum usumfructum* n'en détermine aucun, *deinde recessit.* D'autres lois qui regardent le propriétaire ne le limitent pas non plus. *Cum recesserit aqua*, dit vaguement ladite loi *adeo* § 6, et *post aliquod temporis*, § 5, ce qui suppose un certain laps de temps. La loi *si locus* 14, *D*, *quemadmodum serv. amitt.* conserve la servitude de passage sur un fonds interrompue *impetu fluminis*, si l'eau rentre dans son lit avant le délai nécessaire pour perdre la servitude par prescription. Enfin les Instituts *de rerum divisione*, § *aliâ sanè* 24, portent à leur tour, qu'en inondation totale, *si recesserit aqua*, c'est-à-dire tôt ou tard, celui à qui le fonds appartient en reprend possession. La conséquence en faveur de l'usufruit peut-elle être douteuse? Mais sans avoir besoin de recourir aux lois de la propriété, il y en a sur l'usufruit qui peuvent servir d'interprétation à la première loi *si ager cujus* 23. L'une est ladite seconde loi *si ager ab hostibus* 25, de laquelle il résulte qu'à quelque époque que le champ ou l'esclave sortent de la possession de l'ennemi, ils rentrent dans celle de l'usufruitier; l'autre est la loi *si in areâ* 71, *D, de usufr. et quemadm. quis*, qui renouvelle l'usufruit après la destruction d'un bâtiment qui l'avait annullé par sa seule construction, comme il a été dit plus haut, pourvu que cette démolition soit faite avant le délai nécessaire pour perdre l'usufruit.

Dans ces cas là et autres semblables, la perte n'est pas *totale*. Le changement de nature du sol n'est qu'un accident passager, non un anéantissement.

N.º 2. Lorsqu'au lieu d'une submersion totale, l'eau se contente de creuser un nouveau lit, l'usufruit est irrévocablement évanoui sur le terrein où ce nouveau lit a été formé. Suivant ladite loi *cum usumfructum* 23, *D*, *quib. mod. usufr. amitt*. Après avoir dit que si l'eau qui a couvert un fonds s'en retourne, l'usufruit subsiste toujours, elle ajoute, *ita id verum puto si flumen inundatione hortum occupavit; nam si alveo mutato, inde manere cœperit, amitti usumfructum existimo*. Les raisons qu'elle en donne, sont 1.º que le nouveau lit devient public, et que ce qui a été une fois public ne peut plus devenir propriété particulière; *cùm is locus alvei publicus esse cœperit, nec in pristinum statum restitui possit*. Cette loi est contraire à la loi *adeo* 7, § *quod si* 5, *D*, *de acquir. rer. domin*. qui adjuge la propriété du lit abandonné aux riverains. L'emplacement occupé par cet ancien lit était cependant public. Pourquoi cesse-t-il de l'être plutôt que celui du nouveau? 2.º La seconde raison est que le canal a changé la forme du terrein, ce que n'a pas fait l'inondation. Cette raison ne vaut pas mieux que la première, car le changement opéré par le canal n'est pas si considérable que le terrein plus ou moins creux ne soit le même. La transmutation d'une vigne en pré ou d'un pré en terre labourable est bien une innovation bien plus forte. Néanmoins l'usufruitier en jouira sous cette nouvelle forme, comme il va être dit.

Dans nos mœurs l'usufruitier recouvrerait son droit; autrefois, l'ancien lit était dévolu ou au Roi dans les rivières navigables, et au seigneur dans les rivières non navigables, ou aux propriétaires riverains dudit ancien lit, suivant l'usage de chaque parlement; mais le plus généralement, il l'était aux riverains. Il n'existe plus aujourd'hui de seigneurs justiciers, ils ne peuvent donc plus entrer en concurrence avec les riverains. Le Roi en est privé également par l'art. 563 du C. C., qui permet aux propriétaires des fonds nouvellement occupés de prendre, à titre d'indemnité, l'ancien lit abandonné. En partant de cet article, on peut, ce semble, décider que si le nouveau lit est délaissé, l'ancien propriétaire s'en ressaisira : la conséquence me paraît naturelle. Serres, en ses Instituts, liv. 2, tit. 1, § 23, prétend « qu'on convient assez que si, après quelque temps, la rivière quitte son nouveau lit pour reprendre l'ancien, il est juste et équitable d'adjuger ce lit abandonné, aux anciens propriétaires, à l'exclusion du seigneur haut justicier, et même des riverains, ou voisins de ce lit abandonné. » Despeisses, des droits seigneuriaux, tit. 5, art. 23, n. 11, dit « qu'ainsi a été jugé, au parlement de Bordeaux, la Garonne ayant laissé son premier et ancien cours, et ayant fait son canal dans le fonds d'un voisin, et seize ans après ayant repris son premier cours; car par ledit arrêt il fut jugé que le fonds que ladite rivière avait quitté de nouveau, appartenait au premier maître. » Il cite Automne sur ladite loi *adeò*.

Ces principes sont nécessairement applicables à l'usufruitier. En effet, si le propriétaire regagne son bien, l'usufruitier doit regagner son usufruit. Au surplus, la perte ne pourrait, au pis aller, comprendre que la superficie envahie par le nouveau canal. Le surplus du terrein demeurerait toujours soumis à l'usufruit.

L'inondation momentanée laisse assez souvent des traces de son invasion; elle enlève la terre, ou en transporte d'autre. Le ravage ni l'amélioration qu'elle commet ne portent aucune atteinte à l'usufruit, pas plus que si le champ avait été couvert de fumier. *Nec si summa terra sublata ex fundo meo, et alia regesta esset; idcirco meum solum esse definit, non magis quàm stercorato agro; l. cùm usumfructum 24, § ult. D, de usuf. ear. rer. quæ.*

N.º 3. On raisonne à l'égard de l'eau convertie en terre, comme à l'égard de la terre couvertie en eau. Si l'étang légué expressément en usufruit vient à se dessécher au point de devenir un champ labourable, l'usufruit s'écoule avec l'eau. *Sed etsi stagni ususfructus legetur et exaruerit, sic ut ager sit factus; mutatâ re, ususfructus extinguitur; l. quid tamen 10, § sed etsi 3, D, quib. mod. usuf. amitt.* D'après les principes ci-dessus, si les sources reparaissent, que l'étang redevienne étang, l'usufruit doit revivre.

On voit par ce qui vient d'être dit, qu'on doit distinguer les changemens qui empêchent absolument le retour au premier état, qui contiennent une destruction irréparable, d'avec ceux qui laissent de l'espérance.

Art. 128. N.º 1. Ce qui est rapporté à l'article précédent concerne les changemens produits par la nature, ou événemens imprévus, indépendans de la volonté du testateur. Je reviens à ceux qui proviennent du fait dudit testateur, dont j'ai rapporté une partie, art. 126.

S'il ne fait que changer le genre de production; par exemple, s'il a donné l'usufruit d'un terrein qui est champ labourable, ou vigne, et que, par la suite, il plante le champ en vigne, ou s'il arrache la vigne pour en faire un champ, ou une prairie, l'usufruit ne reste pas moins tel qu'il était. Le terrein demeure toujours terrein à productions annuelles. *Non tamen si arvi ususfructus legetur, et ibi vites sint positæ, vel contrà, puto extingui; l. quid tamen 10, § non tamen 4, D, quib. mod. ususf. amitt.* Le mot *arvi* est générique pour toute espèce de champ, en jachère ou labouré. C'est moins le genre de production qu'on considère, que le terrein en lui-même. On peut appliquer ici ce que dit la loi *certo, D, de serv. præd. rustic.*, en parlant de la servitude rustique, que *ad solum magis, quàm ad superficiem pertinet.* Voyez les pandectes françaises; Despeisses, de l'usufruit, sect. 4, n. 5. La Glose donne pour raison, que *vineâ durante, sationes ibi fiunt, undè, quasi non sit forma mutata, non perit ususfructus, quàsi magis in solo sit ususfructus quæsitus.* Ainsi comme on fait des travaux *sationes*, quoique de genres différens, dans les terres, vignes, et prairies, l'usufruit ne se souffre pas de l'inconstance dudit testateur.

Mais autre chose quand le changement est plus considérable. Si le testateur, comme dit Domat, de l'usufruit, sect. 6, n. 8, change la face des lieux après son testament, que d'un pré, par exemple, dont il avait légué l'usufruit, il fasse une maison et un jardin, dans ces cas et autres, où les changemens marquent le changement de volonté, ils anéantissent le legs d'usufruit qui était borné à des choses qui ne sont plus. Domat parle d'une maison et d'un jardin. S'il n'y avait eu que le travestissement honorable du champ en jardin, la face des lieux ne serait pas changée, d'après le principe établi par la susdite loi *quid tamen;* mais elle l'est par la construction de la maison.

Cette face reçoit encore une nouvelle forme par l'enlèvement des arbres d'une forêt. Ainsi, lorsque l'usufruit tombe nommément sur une forêt ou taillis, qu'on arrache, la métamorphose est complette. Il ne reste qu'un terrein. Plus d'usufruit, parce qu'on a donné celui d'une forêt, non d'un emplacement. *Certè Sylvæ ususfructu legato, si Sylvâ cæsâ, ibi sationes fuerint factæ, sine dubio ususfructus extinguitur; dictá l. quid tamen 10, § non tamen 4, D, quib. mod. ususf. amit.*

Bien entendu que la loi ne s'applique qu'à l'usufruit d'un objet particulier légué; dans un usufruit de tous les biens, dit encore Domat, aucun changement ne fait périr l'usufruit de ce qui reste, et l'usufruitier jouit de la chose en l'état où elle est réduite. Il ne faut pas même, pour cet effet, que l'usufruit soit de tous les biens, si la forêt ou le taillis font partie d'une ferme, d'une métairie légués, l'usufruit se conserve sur le terrein tel qu'il se trouve, aussi bien que sur l'objet avec lequel la forêt ou le taillis faisaient corps. Voy. art. 126, n. 9.

N.º 2. L'usufruit cesse d'un bloc de matière quelconque dont on a fait des vases, et *vice versá*, l'usufruit des vases qu'on agglomère en bloc après les avoir brisés ou fondus, cesse également quand ils sont susceptibles de cette opération. *Si massæ ususfructus legetur, et ex eá vasa sint facta, vel contrà, cassius apud urseium scribit interire usumfructum; quam sententiam puto veram; dictá l. quid tamen 10, § si massa 5, D, quib. mod. ususf. amitt.* Quoique le bloc soit de nouveau remis en vases, l'usufruit ne renaît pas, parce que ces vases de nouvelle fabrique, ne sont plus ceux qui ont été légués. *Idemque esse si Scyphorum ususfructus legatus sit, deindè massa facta, et iterum Scyphi. Licèt enim pristina qualitas Scyphorum restituta*

sit ; non tamen illos esse quorum ususfructus lega-
tus sit ; l. qui usumfructum 36, *D* , *de usufr. et*
quemadm. quis. On a vu ci-dessus, que la maison
démolie , et reconstruite ensuite, quoiqu'avec les
memes matériaux , n'était plus sujette à l'usufruit.

Même règle pour l'ornement défait en entier,
ou seulement transformé en une autre figure.
Proindè et ornamentum dissolutum aut transfigu-
ratum extinguit usumfructum ; dicta l. quid tamen
10 , § *proinde* 6 , *D* , *quib. mod. ususf. amitt.*

N.º 3. On a légué une voiture à quatre chevaux.
Ces voitures que les romains nommaient quadriges,
étaient très-communes chez eux; on en voit la figure
sur plusieurs médailles. Un des quatre chevaux
meurt. L'usufruit subsiste-t-il sur les trois autres
et sur le char? Non, répond la loi, à moins que
le legs ne tombe que sur les chevaux en particulier. Alors il subsiste sur les trois autres. *Qua-*
drigæ usufructu legato , si unus ex equis decesserit,
an extinguetur ususfructus quæritur ? Ego puto
multùm interesse ; equorum an quadrigæ ususfructus
sit legatus ; nam si equorum , supererit in residuis ;
si quadrigæ , non remanebit ; quoniam quadriga
esse desiit ; l. quid tamen 10 , § *ult. D , quib. mod.*
ususf. amitt. A moins encore, qu'avant l'ouverture
du legs, on n'ait remplacé le cheval mort par un
autre, dit la loi suivante 11 , *eod.* , *tit. ; nisi alius*
ante diem legati cedentem substitutus sit. Au moyen
de ce remplacement, le quadrige a recouvré sa
qualité de quadrige.

On a vu que ladite loi *quid tamen* entre dans un détail assez long sur les changemens introduits dans les objets usufruités soit par le hasard, soit par la volonté des personnes. Les différens cas qu'elle expose sont autant de pièces de comparaison pour ceux qu'elle n'a pas prévus.

N.º 4. Le testateur après avoir légué l'usufruit d'un bain, en fait un endroit pour y habiter ou loger; d'une boutique il en fait un endroit pour donner à boire, une salle, une chambre à coucher, etc., etc., il est censé avoir révoqué implicitement son legs, en changeant la destination de l'objet telle qu'elle était lors du testament. *Si cui balnei ususfructus legatus sit, et testator habitationem ex hoc fecerit; vel si tabernæ et diætam fecerit, dicendum est usumfructum extinctum; l. si cui* 12, *D, quib. mod. ususfr. amitt.* Mais d'après les principes exposés ci-devant, le legs ne doit comprendre précisément que l'objet dont l'usage a été transformé dans un autre; car s'il comprend une maison, la distribution nouvelle dans une partie de cette maison ne nuira pas à l'usufruit.

S'il a légué un esclave pour être comédien, ayant désigné particulièrement sa qualité de comédien, et qu'il lui fasse abandonner cet état pour l'appeler à d'autres fonctions, il n'existe plus d'usufruit. *Proindè et si histrionis reliquerit usumfructum, et eum ad aliud ministerium transtulerit, extinctum esse usumfructum dicendum est; dictâ l. § 1.*

La loi distingue au sujet des esclaves, *artificium*, de *officium*, et de *ministerium* qui dénotaient différentes fonctions. Celui qui avait été légué pour une certaine espèce d'*artificium*, était toujours sujet à l'usufruit, quand même il aurait été employé à une autre espèce de *artificium*; mais il ne l'était pas si des fonctions d'*artificium*, il était transféré à celles qui dépendaient de l'*officium*, et *vice versá*. Voyez entre autres, la loi *legatis* 65, § 1, D, *de legat*. 3. Une plus longue discussion à l'égard de ces êtres malheureux serait superflue en France.

N.º 5. Dans un usufruit acquis par convention, ajoute Domat, les changemens ne sont pas libres au propriétaire, et celui qui changerait la nature, ou l'état des choses, sans le consentement de l'usufruitier, serait tenu de le dédommager. J'ajouterai, à mon tour, que le propriétaire serait même obligé à remettre la chose en son premier état, si cela est possible.

ART. 129. Parmi les défauts de la chose usufruitée, on doit comprendre la mortalité de tout ou de partie d'un troupeau. J'ai dit, pages 180 et suivantes du tome I.er, ce que doit faire l'usufruitier dans l'un et l'autre cas. L'article 616 du C. C. a dérogé au droit romain, en ce que, sans attendre que la mortalité eût complètement atteint le troupeau entier, le propriétaire avait le droit de mettre fin à l'usufruit, en retirant le petit nombre qui restait. Ledit article ne lui conserve pas ce droit, lui permet seulement de réclamer les cuirs ou leur valeur après la mort *entière* du troupeau.

J'ai pensé qu'on ne serait pas néanmoins fâché de connaître l'usage des romains. C'est pourquoi j'expose leurs lois, quoiqu'elles ne soient plus invoquables en France.

Dans le legs d'un troupeau, le propriétaire pouvait faire cesser l'usufruit lorsque la mortalité avait été si considérable, que ce qui restait ne méritat plus le nom de troupeau. *Cùm gregis ususfructus legatus est, et eò usquè numerus pervenit gregis, ut grex non intelligatur, perit ususfructus; l. cùm gregis* 31, *D, quib. mod. ususfr. amitt.*

D'après cette loi, le propriétaire, sans attendre la dernière extrémité, pouvait se présenter pour prévenir le dépérissement complet du troupeau, et se faire remettre le faible résidu pour sauver au moins ce petit nombre. En quoi l'usufruit dudit troupeau diffère des autres espèces d'usufruit, dont il a été dit que lorsqu'il n'avait disparu que sur une partie, il subsistait sur le surplus.

Quel est le nombre requis pour pouvoir être appelé troupeau? La loi *oves* 3, *D, de abigeis* la fixe à dix pour les brebis, à quatre ou cinq pour les cochons. *Quidam decem oves esse gregem putaverunt, porcos etiam quinque vel quatuor.* Ce nombre de dix doit être relatif à la quantité des bêtes. Dans les domaines et fermes où l'on nourrit jusqu'à cinquante, cent, deux cents brebis, le nombre d'au-dessous de dix peut ne pas être réputé troupeau. Mais en doit-il être de même si on n'en a donné que vingt ou environ?

Le privilège du propriétaire est restreint à peu près aux brebis, car la loi ne règle pas le nombre des chevaux, ni des bœufs. Il est rare qu'on lègue l'usufruit d'un troupeau des uns ou des autres. Il serait cependant possible que dans des pays tels que l'Auvergne, où l'on possède une grande quantité de vaches qui paissent dans les montagnes et rapportent un produit considérable par le moyen des fromages, on eût donné en termes généraux l'usufruit d'un troupeau. Il est possible également qu'un homme riche, ou un marchand de chevaux donne celui de son écurie ou de son haras. Mais le nombre des têtes n'est jamais assez considérable pour n'être plus censé troupeau, quand il ne monte pas à dix.

Au surplus, ces animaux, même les ânes, sont compris dans la classe des troupeaux, par la loi *lege aquiliá* 2, § *ut igitur, D, ad leg. aquil.* Mais, d'après la même loi, une meute de chiens ne l'est pas; encore moins ne le sont pas les éléphans, ni les chameaux, qui, bien qu'apprivoisés par artifice et industrie de l'homme, conservent toujours un certain caractère de bête sauvage. Suivant les naturalistes, l'éléphant dans l'état de captivité ne se régénère pas; preuve que cet état est contre sa nature.

Mais, je le répète, ces lois sont devenues inutiles en France.

Je dois ajouter que c'est par erreur qu'il a été dit page 182, n.º 2, que l'usufruitier doit remettre au propriétaire la chair et le cuir de la bête *particulière* morte. L'art. 615 le dispense d'en payer l'estimation. N'est-ce pas le dispenser de représenter au moins la chair, représentation qui serait bien difficile si le propriétaire était éloigné, vu la prompte putridité de l'animal. Je crois donc que le véritable sens de l'article est de refuser audit propriétaire, et la chair et le cuir.

En legs de propriété, si le troupeau périt presque en entier, du vivant du testateur, quoiqu'il cesse d'être troupeau, *quamvis grex desisset esse,* le légataire recueille le peu qui a échappé; *l. si grege* 22, *de legat.* 1; quand il ne resterait qu'une seule brebis; *si grex... ad unam ovem pervenerit; Inst. de legat.* § *si grex* 18. Ces deux lois comparent le troupeau avec le peu qui reste du bâtiment sur lequel l'usufruit subsiste malgré la perte du surplus.

ART. 130. On ne doit pas confondre le défaut de la chose usufruitée avec la cause pour laquelle l'usufruit a été laissé. Cette cause peut être vicieuse, néanmoins l'usufruit subsistera. Par exemple, un usufruit a été laissé à une ville pour donner certains

genres de spectacles prohibés. Il ne sera pas moins dû; l'héritier ne pourra pas prétexter de ce vice pour le disputer ; mais il se réunira avec les notables de la ville pour délibérer à quelle autre destination licite, il sera employé; voyez la loi *legatum civitati* 16, *D, de usu et usufr. et red.* On peut en dire autant de l'usufruit donné à un particulier pour un mauvais emploi. Le particulier n'exécutera pas la volonté du défunt, mais gardera l'usufruit. Si la ville n'a donné aucune espèce de spectacle pendant plusieurs années, a cependant perçu l'usufruit, elle en rendra compte aux héritiers. Voyez la loi suivante 17.

Nota. Il résulte du contenu en ce paragraphe, que l'usufruit se conserve sur certains objets, quoique la majeure partie ne subsiste plus, pourvu qu'il en reste un peu, tandis qu'il ne subsiste plus sur d'autres, malgré ce reste; qu'en certains cas il renaît, tandis qu'en d'autres, il ne renaît pas.

§. VI.

De l'expiration du temps pour lequel l'usufruit a été accordé.

ART. 131. N.º 1. L'usufruit cesse de droit avec le temps pour lequel il a été laissé; art. 617 du C. C.

N.º 2. Ledit usufruit ne finit pas moins à cette

époque, quoique l'usufruitier ne soit pas entré en possession, et n'en ait pas joui. Si c'est par là faute de l'héritier du testateur, ledit héritier sera condamné à des dommages-intérêts proportionnés, après l'expiration de ce temps s'il s'est entièrement écoulé, ou jusqu'au moment de la jouissance s'il ne s'est écoulé qu'en partie. *Si ususfructus mihi in biennium continuum à morte testatoris legatus sit, et per hæredem steterit quominùs eum mihi daret, præterito biennio, nihilominùs tenetur, quemadmodùm teneretur si res legata in rerum naturá esse desierit, quàm quis deberet, moraturusque esset in eá dandá, ut peti quidem jàm ususfructus, qui legatus sit, non possit : quia alius futurus sit quàm qui legatus fuerit; sed æstimatio ejus bima duntaxat facienda sit; l. si ususfructus 6, D, de usu et usufr. et red.* Voyez ci-devant, art. 39, n. 2 et 3, page 89 du tom. 1.

N.º 3. Au cas que l'usufruitier se maintienne dans la perception des fruits après l'expiration du temps, il en rendra compte pour toutes les années de son indue jouissance. *Si pater usumfructum prædiorum in tempus vestræ pubertatis matri vestræ reliquit, finito usufructu postquam vos adolevistis, posterioris temporis fructus perceptos ab eá repetere potestis, quos nullá ratione sciens de alieno percepit; l. si pater 5, cod. de usu et habit.* Dès lors que la mère est tenue d'une pareille restitution, tout autre usufruitier doit l'être.

Le mot *sciens* a donné naissance à une contestation. L'héritier de l'usufruitier qui, après le décès
dudit usufruitier, continue la jouissance du bien
usufruité, doit-il rendre les fruits du jour du décès
ou du jour de la demande en désistat? La cour
d'appel de Paris a jugé que celui qui avait connaissance du genre de possession de son auteur, les
devait du jour du décès, puisqu'il était incontestablement en mauvaise foi. Le sieur Maillet usufruitier d'une maison, jardin et dépendances, céda,
en 1767, son usufruit à Henriot et à sa femme,
avec réserve de tous ses droits au cas qu'il leur
survécut. Les deux acquéreurs étant morts successivement en 1786 et 1791, leurs enfans firent,
aussi successivement, des inventaires dans lesquels
ils firent mention dudit acte de cession, et même
lors de l'inventaire fait à la mort de la mère, qui
décéda la première, Henriot et ses enfans convin-
rent qu'ils posséderaient en commun ledit usufruit.
Le père étant décédé à son tour, les enfans en
jouirent en seuls pendant plusieurs années. Maillet
ayant enfin été instruit de ce double décès, attaqua
les enfans avec restitution de fruits à compter des
décès. L'arrêt susdit les lui adjugea, attendu qu'il
résultait des pièces de la cause, que les enfans
avaient eu connaissance du titre et du droit du
sieur Maillet.

N.º 4. Il a été dit, § 1 de la présente division
que si l'usufruitier décédait avant l'expiration du

délai, ou de la convention, l'usufruit expirait aussi, n'était pas transmissible à son héritier, et se consolidait à la propriéte *hic et nunc.* Mais il n'en est pas de même de la mort prématurée de celui à qui la remise devait être faite après le terme apposé. Malgré ce décès, l'usufruitier reste toujours en possession. Il ne faut donc pas confondre ces deux cas. Par exemple, le testateur a légué l'usufruit de ses biens à sa femme ou à tout autre, jusqu'à ce que son fils ou autre personne qu'il désigne ait atteint un certain âge; si l'enfant ou la personne décèdent avant cet âge, l'usufruitier ne conserve pas moins l'usufruit, parce que la disposition a trait, dit la loi, à l'espace du temps, non à la vie de l'homme. *Ambiguitatem antiqui juris decedentes, sancimus sive quis uxori suæ, sive alii cuicumque usumfructum reliquerit sub certo tempore in quod vel filius ejus, vel quispiam alius, pervenerit, stare usumfructum in annos singulos in quos testator statuit; sive persona de cujus œtate compositum est, ad eum pervenerit, sive non; neque enim ad vitam hominis respexit, sed ad certa curricula; l. ambiguitatem* 12, *cod. de usu et habit.* L'article 620 du C. C. décide également que « l'usufruit accordé jusqu'à ce qu'un tiers ait atteint un âge fixe, dure jusqu'à cette époque, encore que le tiers soit mort avant l'âge fixé. » Voyez Barry, des successions, liv. 9, tit. de l'usufruit, n. 45.

La décision de la loi qui maintient l'usufruitier, malgré le décès du propriétaire avant le temps

marqué pour la remise de l'usufruit, est conforme
à celle de plusieurs autres lois qui, dans d'autres
cas, ont laissé le legs de la propriété entre les
mains de celui qui devait faire ladite remise, quoique celui qui aurait dû la recevoir fût décédé
avant ladite époque; et les héritiers naturels ont
été déclarés non recevables, *quant à présent*, à le
réclamer. Voyez la loi *Seius saturninus* 46, *D, ad
senatus trebelli*; la loi *libertis quos* 18, § *ab hæredibus* 2, *D, de alim. vel cib. legat.*

N.º 5. De la disposition de l'art. 620 du C. C.
qui prolonge la durée de l'usufruit jusqu'au terme
déterminé ponctuellement à une certaine époque,
malgré le décès de l'usufruitier avant l'arrivée de
ce temps, il suit, ce me semble, que les ascendans
auxquels l'art. 384 du C. C. attribue l'usufruit légal
du bien de leurs enfans, jusqu'à leur dix-huitième
année, en conserveront la jouissance, quoique ces
enfans décèdent avant d'avoir atteint cet âge. La loi
est générale, n'excepte aucune espèce d'usufruit,
pas plus le légal que tout autre. Mais, dit-on, l'usufruit légal a ses règles propres et particulières. Eh!
où est celle qui enlève l'usufruit aux ascendans, à
mesure de la mort des descendans? L'article 617
dudit C. C., ajoute-t-on, éteint l'usufruit par la mort
naturelle ou civile de l'usufruitier. J'en conviens,
mais on doit convenir aussi que l'art. 620 contient
une exception en faveur de l'usufruit accordé jusqu'à ce qu'un tiers ait atteint un âge fixé. L'une

et l'autre comprennent tout usufruit indistincte-
ment. Si on invoque l'art. 617, on doit invoquer
également l'exception de l'art. 620. Pour distraire
l'usufruit légal de cette exception, la loi aurait dû
l'expliquer nommément. On ne peut donc, à mon
avis, partir des lois nouvelles pour priver les ascendans de l'usufruit, par la mort de leurs enfans.
Que ce soit la loi, que ce soit la personne, qui
aient arrêtés cet âge fixe, n'est-ce pas la même
raison de décider ?

Si on se réfère aux lois anciennes, elles étaient
discordantes, ce qui importe peu, puisqu'on ne
doit se conformer qu'aux nouvelles. Cependant
examinons-les surabondamment. Les pays de droit
écrit connaissaient une espèce d'usufruit légal dont
jouissait le père sous le nom de puissance paternelle. Le père conservait, pendant toute sa vie, cet
usufruit, quoique ces enfans fussent décédés; *l.
ult. cod. de usu et habit.* ; entre plusieurs arrêts,
on en trouve un dans Papon, liv. 14, tit. 2, n. 9,
du parlement de Bordeaux, fondé sur ce principe.
Les pays coutumiers connaissaient aussi un usufruit
légal, sous le nom de garde noble et bourgeoise.
Celui-ci, à la vérité, s'éteignait successivement à la
mort de chaque enfant; Renusson, traité de la garde.

Quel est celui que le C. C. a entendu remplacer ?
Il ne me paraît pas douteux que c'est celui de la
puissance paternelle, en comparant avec lui l'exercice de celui qu'a établi ledit C. C. 1.º L'usufruit

de la puissance paternelle appartenait au père, pendant l'existence du mariage, l'art. 384 le lui accorde également; tandis que la garde ne commençait qu'à la dissolution du mariage. 2.º Ledit art. 384 n'assujettit les ascendans à aucune formalité pour entrer en possession; la garde devait être demandée en justice. 3.º L'art. 601 du C. C. dispense les ascendans de la caution; le gardien devait en fournir, art. 269 de la coutume de Paris. 4.º Le père ne perdait pas l'usufruit par le convol; l'art. 386 du C. C. l'y maintient, quoiqu'il se remarie; tandis que la garde se perdait par les secondes nôces. Je pourrais réunir d'autres dissimilitudes entre l'usufruit légal actuel, et la garde supprimée; mais je crois celles-ci suffisantes pour convaincre que ledit usufruit est une image plutôt de celui de la puissance paternelle, que de celui de la garde noble et bourgeoise. Voyez page 70 du présent volume, l'opinion de M. de Montmeyan.

Si j'insiste sur cette question, c'est parce que mon opinion est contraire à celle de plusieurs autres personnes, notamment à celle de la cour de Turin, manifestée dans son arrêt du 19 janvier 1807. Chauletti fils meurt en bas âge. Les aïeux maternels qui devaient recueillir la moitié de la succession, en vertu de l'art. 746 du C. C., disputent au père l'usufruit. La cour de Turin balance le pour et le contre, finit par embrasser le parti d'enlever l'usufruit au père. Elle convient que si on considère l'art. 620, « il ne pourrait pas y avoir de doute, attendu les termes généraux dans lesquels il est conçu, que la jouissance ne dût continuer jusqu'à l'époque y fixée, nonobstant la mort des enfans. » Mais que si on examine le but du législateur, on se convaincra que cet usufruit est d'une nature particulière, distincte des autres espèces d'usufruit; qu'il a été établi pour donner aux enfans une garantie plus sûre de leur éducation, et aux parens un *correspectif* de leurs soins, pour éloigner les entraves d'une reddition de compte, pour fixer un mode d'administration plus analogue aux rapports qui existent entre les parens et les enfans, etc., etc. » Je ne saurais adopter une pareille interprétation. Les raisons alléguées par cette cour ne me paraissent pas devoir détruire la disposition de l'art. 620, que cette cour convient ne devoir laisser aucun doute si on la suivait. Les auteurs des pandectes françaises; Bousquet, explication du C. C.; Rousseau, manuel du C. C., partagent l'opinion de la cour de Turin. Je dois céder à des autorités aussi respectables, mais j'avoue que je ne suis pas persuadé. Je ne vois rien dans la loi qui me fasse découvrir que le but du législateur ait été de déférer cet usufruit uniquement pour fournir à l'éducation des enfans et pour éviter une reddition de compte; tandis que je trouve dans l'art. 620 une décision absolue. Delvincourt, cours du C. C., penche également pour l'opinion de la cour de Turin, mais n'est pas aussi tranchant.

L'art. 387 du C. C. exime de l'usufruit légal les biens qui seront donnés sous la condition expresse que les père et mère n'en jouiront pas. La cour de Besançon a jugé, le 14 novembre 1807, que cette décision ne s'étend pas à l'administration. Le sieur Maguoncourt institue héritier universel Flavien Magnoncourt son neveu, prohibe à Gabriël Maguoncourt père de l'institué, la jouissance, l'usufruit et l'administration des biens légués, veut qu'ils soient administrés par un homme de sa confiance, qu'il nomme curateur *ad hoc.* Il meurt en l'an 13 (1805); le père convient que l'usufruit peut lui être enlevé, mais non l'administration que lui défère l'art. 389, encore moins la tutelle de son fils que lui défère l'art. 390, qu'il n'appartient qu'aux père et mère, nullement à tout autre, de choisir un tuteur, art. 387. L'arrêt déclare la clause comme non avenue et réputée non écrite.

Le père a-t-il l'usufruit légal des biens personnèls de son enfant naturel ? Voyez la doctrine savamment développée par Villargues, en son traité des enfans naturels; Toullier, droit civil; Loiseau, dans un autre traité des enfans naturels, qui ne sont pas du même avis. Il ne m'appartient pas de juger entr'eux.

Je me permettrai néanmoins d'observer que l'art. 765 du C. C. adjuge au père et à la mère la succession de leur enfant naturel *reconnu.* Or, qui peut le plus, peut le moins. Puisque les auteurs de cet enfant héritent du capital, ne doivent-ils pas avoir la jouissance momentanée des revenus? Cette conséquence me paraît juste; d'autant plus que l'enfant naturel *reconnu* est assimilé, presque en tous points, à l'enfant légitime. Veut-il se marier? Il est tenu de requérir, ainsi que le légitime, le consentement de ses père et mère, art. 158 du C. C. Henrys et Bretonnier enseignent, liv. 6, quest. 30, que le père naturel exerce le droit de retour sur la dot qu'il a constituée à sa fille naturelle; la décision de ces auteurs doit s'appliquer à la mère, puisque de leur aveu répété dans plusieurs endroits de leur ouvrage, le droit de réversion n'est pas établi sur la puissance paternelle.

L'art. 601 du C. C. dispense de la caution les père et mère ayant l'usufruit légal du bien de leurs enfans. Ce même code leur attribue deux espèces d'usufruit légal; celui de tous les biens jusqu'à ce que les enfans aient atteint leur dix-huitième année, art. 384; celui du tiers des biens auxquels ils ne succèdent pas quand le défunt n'a laissé ni frères, ni sœurs, ni ascendans dans les deux lignes; art. 754. J'ai vu agiter la question, si, dans la seconde espèce d'usufruit, l'ascendant est exempt de caution, aussi bien que dans la première. Pourquoi ne le serait-il pas? L'usufruit de ladite seconde espèce, n'est-il pas légal comme celui de la première?

N.º 6. Puisque le décès du propriétaire, avant le temps fixe prescrit par le testateur, ne prive pas l'usufruitier, ce décès le privera bien moins quand l'usufruit lui est laissé pour un temps indéterminé ou incertain ; par exemple, jusqu'à ce que le furieux ait recouvré son bon sens. A la verité, l'usufruitier sera tenu de s'en désister dès le moment que la fureur aura cessé ; mais si le furieux meurt avant cet événement, il restera en possession pendant toute sa vie, parce qu'il est possible que si le furieux eût vécu, sa fureur eût duré autant que la vie de l'usufruitier. *Sin autem adhuc is in furore constitutus decesserit, tunc quasi in usufructuarii vitam eo relicto, manere usumfructum apud eum. Cùm enim possibile erat usquè ad omne vitæ tempus usufructuarii, non ad suam men tem venire furentem, vel conditionem impleri, humanissimum est ad vitam eorum usumfructum extendi; l. ambiguitatem* 12, § *sin autem, cod. de usu et habit.* Voyez encore la loi *generali* 32, § *duas filias* 6, *D, de usu et usuf. et red.* Barry, des successions, liv. 9, tit. de l'usufruit, n. 45.

La raison qu'en donne la loi, est que, comme l'usufruit aurait pris fin par la mort de l'usufruitier avant l'événement de la condition, ou le retour du bon sens, il est juste d'étendre ledit usufruit jusqu'au décès de l'usufruitier, lorsque la condition vient à manquer, ou lorsque le furieux meurt dans son état. La conséquence n'est pas precisément bien naturelle, mais la loi existe. *Quemadmodùm enim si decesserit ususfructuarius ante impletam condi-*

tionem, vel furorem finitum, extinguitur ususfructus; ítà humanum est extendi eum in usufructuarii vitam, et si anteà decesserit furiosus vel alia vitæ conditio defecerit; dicto § sin autem.

L'usufruitier, est-il dit, jouira pendant toute sa vie ; mais ce ne sera qu'autant que le testateur n'aura pas manifesté clairement une intention contraire. *Nisi [manifestè probetur testatorem aliud sensisse; dicto § duas filias.*

N.º 7. La fureur est apposée pour exemple, mais n'est pas le seul cas où la mort du propriétaire ne fait pas perdre à l'usufruitier sa jouissance. Ce qui est dit de la fureur s'étend à toute autre condition jusqu'à l'événement de laquelle l'usufruit subsiste toujours ; *vel conditionem impleri*, dit le paragraphe.

N.º 8. Mais aussi cet événement de la condition sous laquelle l'usufruit a été établi, entraîne nécessairement l'expiration de l'usufruit. Aussitôt que la condition est accomplie, l'usufruitier est dessaisi. *Sin autem talis fuerit incerta conditio, donec in furore filius vel alius quisquam remanserit, vel in aliis casibus quorum eventus in incerto sit, si quidem resipuerit filius, vel alius, pro quo hoc dictum est, vel conditio extiterit, usumfructum finiri; l. ambiguitatem 12, § sin autem, cod. de usu et habit.*

L'usufruit laissé à une fille jusqu'à sa majorité

èst-il éteint par son mariage? Chopin, des privilèges des rustiques, liv. 2, ch. 3, agite cette question. La mère en mariant une de ses filles, lui donne dans le contrat de mariage, l'usufruit d'un pâturage jusqu'à ce qu'une autre de ses filles *fût venue à majorité.* L'âge de la majorité était alors fixé à vingt-cinq ans. La seconde fille se marie avant d'avoir atteint cet âge; et aussitôt après refuse à sa sœur aînée, l'usufruit dudit pâturage. Le mari de celle-ci, premier gendre, attaque sa belle-mère pour qu'elle ait à le faire jouir jusqu'à ce que la seconde fille fût venue à l'âge de majorité effective. Il invoquait la loi *cùm filius* 113, *D, de condit. et demonstr.* La loi *cum filio, D, de legat.* 3; la loi *si quis aliquid, cod., de his qui ven. ætat. impetr.*; enfin la loi *ex his verbis, eod quandò dies leg. ced.* La mère répondait que la clause *fût venue à majorité* devait être référée au jour du mariage, c'est-à-dire que la tutelle de la mère étant finie, passait entre les mains d'un mari. Elle argumentait de la loi *quod pupill., D, quando dies leg. ced.*; de la loi *mela ait, D, de alim. et lib. legat.*, et même de la susdite loi *si filio-familiâs.* Arrêt du parlement de Paris, le 19 juin 1565, qui déboute le demandeur, et adjuge l'usufruit à la seconde fille.

N.º 9. Le propriétaire a quelquefois la faculté d'accélérer l'événement de la condition, et d'anéantir l'usufruit malgré l'usufruitier. L'usufruit d'un esclave est laissé jusqu'à son affranchissement. Le propriétaire l'affranchira quand il voudra, et par ce moyen en privera l'usufruitier. *Interdùm proprietarius ad libertatem perducet, si fortè ususfructus fuerit tandiù legatus quandiù manumittatur. Nam incipiente proprietario manu mittere, extinguitur ususfructus; l. interdùm* 15, *D, quib. mod. ususf. amitt.* Mais la clause jusqu'à l'affranchissement doit être expresse, sans quoi l'esclave pourra bien être affranchi, s'il plaît au propriétaire, mais, tout affranchi qu'il sera, il demeurera toujours au service de l'usufruitier, suivant la loi *sancimus, cod. commun. de manum.*

De cet exemple, on doit conclure que l'usufruit ayant été laissé jusqu'à l'événement de quelque condition dépendante de quelque personne, elle sera la maîtresse d'y mettre un terme, à son gré.

§. VII.

Quel est l'effet de l'extinction de l'Usufruit.

Nota. J'ai parlé, à l'article 75, page 233, des droits de l'usufruitier, au moment de son entrée en jouissance. Ceux du propriétaire, à l'autre moment où il prend, à son tour, cette jouissance par la consolidation de l'usufruit à sa propriété, sont

les mêmes. Je vais ajouter de plus amples déve-
loppemens qui serviront pour l'un et pour l'autre,
car les lois, à ce sujet, leur sont communes.

ART. 132. N.º 1. L'effet de l'extinction de l'u-
sufruit est de rétablir le maître de la propriété dans
la pleine et entière possession de ce qui lui appartient, comme il a été dit, art. 120, n. 2.

L'usufruitier perd dès le moment de cette extinction, toute espèce de droits aux fruits. Quoiqu'ils
soient parvenus à leur maturité, quoique prêts à
cueillir, ni lui ni ses héritiers n'y conservent aucune espèce de prétention. *Et ideò licèt maturis
fructibus, nundùm tamen perceptis, decesserit, ad
hæredem ejus non pertinent, sed domino proprietatis acquiruntur ;* § is *verò* 36, *Inst., de rer. divis.*
— *Cùm fructuarius, etiamsi maturis fructibus, nundùm tamen perceptis, decesserit, hæredi suo eos
fructus non relinquet; l. in singulos* 8, *D, de annuis
legat.* La loi *si fructuarius* 13, *quib. mod. ususf.
amitt.,* porte également que l'épi non coupé revient
au propriétaire; *spicam quæ terrâ teneatur, domini
fundi esse.* Ainsi les fruits de l'année ne se partagent pas entre le propriétaire et l'usufruitier au
prorata de la durée de l'usufruit. C'est sur ces
principes qu'ont été rendus plusieurs arrêts. Despeisses, de l'usufruit, sect. dernière, n. 3, fait
mention de deux de ces arrêts rapportés par Bacquet
et Montholon. Chopin, cout. d'Anjou, liv. 3, ch. 3,
tit. 1, art. 5, en rapporte un du parlement de Paris,

du 19 mai 1589; Brillon, *V.^{bo} usufruit*, un autre du parlement de Provence, du 1.er décembre 1657. Voyez Bouguier, en ses arrêts, let. L, quest. 1; Bouhyer, cout. de Bourgogne, tome 2.

On a vu ci-devant, art. 75, n. 2, que l'usufruitier tourne également à son profit, lors de son entrée en possession, toutes les récoltes qui, quoique mures, n'ont pas été coupées avant l'ouverture de l'usufruit.

N.º 2. Au nombre des fruits dévolus au propriétaire, Despeisses range le poisson d'un étang qui ne doit se pêcher qu'à des époques marquées. Si l'usufruit prend fin peu avant l'arrivée d'une de ces époques, la pêche appartient au propriétaire; il cite Bouvot, tome 1, partie 3, *V.^{bo} poisson*, quest. 1. Auroux Despomier, art. 263, et Coquille, quest. 145, ajoutent au poisson, la coupe du bois taillis qui doit se faire incessamment. Comme l'usufruitier, dit Despomier, récolte les fruits prêts à être perçus au moment de l'ouverture de l'usufruit, la loi doit être égale envers le propriétaire. Chacun doit jouir de la bonne fortune à cet égard. L'article 590 du C. C. prive aussi l'usufruitier des coupes auxquelles il n'aura pas procédé. Il n'aura aucun dédommagement à réclamer, Delvincour, page 328.

L'article 585 du C. C. confirmant les anciennes lois, accorde tant à l'usufruitier au moment de l'ouverture de l'usufruit, qu'au propriétaire au moment de la fin dudit usufruit, les fruits naturels et industriels pendans par branches ou par racines, à ces deux époques.

N.º 3. Cet article n'attribuant à celui qui entre en jouissance, que les fruits pendans par branches ou par racines, il s'ensuit qu'il laisse à celui qui sort, ou à ses héritiers, les fruits qui sont cueillis. Qu'entend - on par cueillis? Faut - il qu'ils soient enlevés? Non. La paille est-elle coupée, couchée par terre, quoiqu'elle ne soit pas liée en gerbes, elle reste à l'usufruitier, ainsi que le grain. Le foin fauché, la vendange coupée, les olives cueillies à la main ou tombées en secouant l'arbre, sont également à lui, quoique le foin ne soit pas sec, ni en meule, que le raisin ne soit pas foulé, ni l'huile extraite de l'olive. *Si fructuarius messem fecit et decessit, stipulam quæ demessa jacet hæredis ejus esse labeo ait; spicam quæ terrâ teneatur domini fundi esse ; fructumque percipi spicâ, aut fœno cæso, aut uvâ adeimptâ, aut excussâ oleâ, quamvis nundùm tritum frumentum aut oleum factum, vel vindemia coacta sit ; l. si fructuarius* 13, D, *quib. mod. ususfr. amitt.*

Quelques auteurs prétendent que pour produire cet effet à l'égard des olives, l'usufruitier doit avoir secoué ou fait secouer l'arbre, que celles qui tombent d'elles-mêmes sont au propriétaire, suivant la même loi dont la fin, de l'aveu des interprêtes, ne contient pas une décision bien claire. Mais je pense qu'on doit en conclure que celles qui sont tombées pendant la durée de l'usufruit doivent être ramassées par l'usufruitier ou ses héritiers, et que le propriétaire ne peut s'approprier que celles qui sont tombées après. Voici comment elle s'exprime. *Sed ut verum est quod de oleâ excussâ scribit, ità aliter observandum de eâ oleâ quæ per se decidit. Julianus ait fructuarii fructus tùm fieri cùm eos perceperit; bonæ fidei autem possessoris mox quàm à solo separati sint.* L'usufruitier est en bonne foi tant que l'usufruit subsiste. Les olives tombées d'elles-mêmes pendant le cours de l'usufruit, doivent donc lui appartenir, bien plus que celles que l'arbre secoué ne donne que par force, et qui ne doivent pas être aussi mures que les autres.

Des olives, on doit tirer la conséquence à d'autres genres de fruits, aux pommes dont on fait du cidre dans les pays où la vigne ne réussit pas, aux noix dont on fabrique l'huile, etc.

Mais on ne peut pas la tirer à toutes espèces. Les branches du châtaignier ne sont pas assez flexibles pour être secouées; en vain les secouerait-on si les pelons et les châtaignes ne sont pas murs. On ne peut pas non plus les gauler comme les noyers. Si on prématurait la châtaigne, elle ne serait bonne ni à manger ni à conserver. Il faut

donc attendre sa chute volontaire. Mais les héri-
ritiers de l'usufruitier doivent avoir la liberté de
venir ramasser celles qui étaient par terre avant la
clôture de l'usufruit. Elles ne sont plus pendantes
par branches.

Quant au colon partiaire qui travaille le bien
à moitié profit, ou au tiers, ou au quart, le changement de maître lui est indifférent; il partagera
avec qui de droit. Article 585 du C. C.

N.º 4. Il ne serait pas étonnant que les héritiers
de l'usufruitier, pour profiter du bénéfice de la
loi, s'empressassent de mettre par terre tout ce
qu'ils pourraient, lorsqu'ils le verraient en grand
danger de mort, à la veille de la récolte, ou que
l'usufruitier lui-même n'en fît autant, quoiqu'en
parfaite santé, lorsque son usufruit est limité. La loi
si absente 48, § 1, D, *de usuf. et quemadm. quis*,
semble les y autoriser. *Sylvam cæduam, etiamsi
intempestivè cæsa sit, in fructu esse constat, sicut
oliva immaturè lecta; item fœnum immaturè cœsum
in fructu est.* Mais tous les cantons ont à peu près
un temps précis où tout le monde moissonne,
vendange, fauche les prés, cueille les olives, abat
les noix, etc. S'ils anticipaient trop et avant un
certain dégré de maturité, ils seraient obligés à
restitution envers le propriétaire, car ladite loi *si
fructuarius* n'adjuge qu'au possesseur de bonne
foi les fruits séparés du sol. Des gens aussi avides
ne seraient pas en bonne foi. Cette restitution devrait

même être accompagnée de dommages-intérêts, s'ils n'avaient formé leurs entreprises que par une cupidité déplacée, si par leur précipitation ils avaient gâté une récolte qui ne pût porter aucun profit ni à eux ni au propriétaire; encore plus si c'était par pure méchanceté, pour nuire audit propriétaire sans utilité pour eux. Les glossateurs exigent qu'ils aient un motif plausible, par exemple qu'ils doivent retirer de la chose un plus grand prix quand elle est récoltée avant d'avoir atteint sa maturité. Voyez Dumoulin, cout. de Paris, glose 8, n. 32. Les héritiers du testateur seraient également sujets à des dommages-intérêts envers l'usufruitier s'ils anticipaient la cueillette; Dumoulin, n. 28.

N.º 5. Qu'entend-on par maturité? La loi *in fructu* 42, *D, de usu et usufr. et red.* l'explique. Ce n'est pas précisément la maturité réelle et naturelle, mais celle qui est suffisante pour tirer parti des fruits. Elle fournit l'exemple des olives qui rapportent plus quand elles sont ramassées avant leur maturité parfaite qu'après cette maturité. L'usufruitier les enlèvera valablement quand elles seront parvenues au point suffisant pour en extraire de l'huile. *In fructu id esse intelligitur quod ad usum hominis inductum est; neque enim maturitas naturalis hìc spectanda est, sed id tempus quo magis colono dominove fructum tollere expedit. Itaque cùm olea immatura plus habeat reditûs, quàm si matura legatur, non potest videri, si immatura lecta est*, *in fructu non esse.* Aux olives doivent être comparés le lin que beaucoup de personnes arrachent tandis qu'il est encore herbacé, parce que le fil en sera plus fin et plus délié; l'orge qu'on fait manger en verd aux chevaux et aux bestiaux; quelques raisins qu'on coupe de bonne heure afin qu'ils se conservent, pour manger dans l'hiver, mieux que ceux qui sont murs, ou pour faire du verjus. etc., etc. Voyez Dumoulin, n. 36.

Mais encore une fois, cette cueillette ne doit être faite qu'autant que l'usufruitier y trouvera son intérêt sans trop blesser celui du propriétaire, et qu'il ne sera pas dirigé par l'envie de lui porter préjudice, en pure perte pour lui-même. Ainsi, sous prétexte qu'il lui est permis de vendre du raisin pour en tirer du verjus, il ne faut pas croire qu'il puisse vendre toute une vigne, parce qu'on ne réduit pas toute une vigne en verjus, mais seulement des treilles ou autres légères plantations; sous prétexte qu'il lui est permis de vendre de l'orge en verd, il ne faut pas croire qu'il lui soit permis de vendre des champs considérables, destinés pour produire du grain; à moins que ce ne fût l'usage du pays; à moins encore que l'usufruitier n'eût défriché du terrein ou mis en orge des champs de moindres productions. Il est naturel que ses héritiers ou lui soient récompensés de leur amélioration, et que le propriétaire ne s'engraisse pas de leurs travaux ni de leurs dépenses; pourvu que cet orge fût parvenu au point qui est en usage dans le pays, pour être consumé en verd; à moins encore, dit Dumoulin, n. 36 que les ennemis ne fussent sur le point de faire une incursion et un ravage qui nuirait et à l'usufruitier et au propriétaire.

N.° 6. La loi suppose que tous les fruits sont perçus, car ce n'est qu'après la perception qu'ils appartiennent à l'usufruitier, *cùm fructuarii quidem non fiant, antequàm ab eo percipiantur; l. qui scit* 25, § 1, *V.so præterea*, *D*, *de usuris et fruct.* Cependant l'auteur d'un livre moderne prétend que le prix d'une coupe de bois vendue, quoique non exploitée, reviendra aux héritiers de l'usufruitier, après son décès, non au propriétaire, parce que les bois vendus ne sont plus dans les biens du propriétaire forestier; mais à l'acquéreur. La vente, ajoute-t-il, opère le même effet que si l'usufruitier avait réellement coupé le bois. Sans manquer aux égards qui sont dus à ce savant jurisconsulte, qu'il me soit permis d'observer que le propriétaire s'empare de tout ce qu'il trouve au moment de la consolidation. Les arrangemens pris entre le vendeur et l'acheteur lui étant étrangers, ne sauraient lui nuire. J'ai de la peine à croire que cette aliénation équivaille à une coupe réelle. Coquille, question 155, dit que la loi en usufruit considère le parfait de la collection, non la destination, ni l'intention, *ut quatenùs de facto processum est, eatenùs dominium fructuum acquiratur.* Il me semble donc que si l'acquéreur a pu

terminer ladite coupe avant l'expiration de l'usufruit, et qu'il ne l'ait pas terminée, il ne conserve
aucune prétention sur elle, parce que le propriétaire s'approprie les arbres pendans par racine.
Le marché conclu entre le vendeur et l'acquéreur
n'a pu transporter à celui-ci plus de droit que
n'en aurait le vendeur. Si l'usufruit finissait de son
vivant, pourrait-il après coup revendiquer les arbres qu'il aurait négligé d'abattre? Ses héritiers le
pourraient-ils après sa mort? Non sans doute.

Par la même raison, dans le cas ci-dessus de
l'orge vendu en verd pour les chevaux, si l'a-
cheteur n'a pas eu le temps de tout enlever avant
le décès de l'usufruitier, car on ne le moissonne
qu'à mesure qu'on le fait consommer, il lui est
défendu de toucher à ce qui est debout. Mais alors,
il n'est tenu de payer le prix qu'au *prorata* de
ce qu'il a pris ou dû prendre. Je dis qu'il a
dû prendre; car s'il a négligé de faire assiduement
les coupes, l'usufruitier ne doit pas en souffrir.
Pour enlever toute difficulté sur ce qu'il a pu et
dû prendre, et pour régler plus facilement la
portion du prix qui revient à l'usufruitier, il est
de l'intérêt de celui-ci de fixer avec l'acquéreur
ce qu'il coupera chaque jour.

N.º 7. La cessation n'est pas aussi brusque sur
ce qu'on appelle fruits civils, dont la dénomination
est comprise dans l'article 584 du C. C. Ce sont
les loyers de maison, les intérêts des sommes

exigibles, les arrérages de rente, et le prix des
beaux à ferme. Ce genre de fruits se partage au
prorata de la durée de l'usufruit, parce qu'il tombe
de jour en jour, *de die in diem cedunt,* et commence à être dû chaque jour, *quotidiè deberi
incipiunt,* tandis que les productions de la terre
ne viennent qu'à certaines saisons de l'année,
et chacune d'elles une fois l'année. Le prix d'un
bail à ferme ou à loyer, l'intérêt de l'argent prêté
ou de la rente constituée et autres revenus semblables, courent, au contraire, aussi bien un jour
que l'autre. Article 586 du C. C. Tous les fruits
civils, a dit l'orateur du tribunat, sont réputés
acquis chaque jour, et se partagent en conséquence;
ainsi, s'il a couru deux mois de loyers, ou autres
redevances, les héritiers de l'usufruitier recevront
un sixième de l'année.

Les lois *defunctá 58, D, de usufr. et quemadm.*
et *generali 32, D, de usu et usufr.,* accordaient
aux héritiers de l'usufruitier, non-seulement les
fruits récoltés, mais encore leur représentation;
je m'explique. Lorsque ledit usufruitier avait affermé son usufruit et était décédé avant l'échéance
des termes du prix du bail, ses héritiers venaient
percevoir les arrérages; c'est ce qu'enseignaient
tous les anciens auteurs. La raison qu'en donne
Bouhyer, cout. de Bourgogne, page 643, est « que
comme le fermier ressemble en quelque façon à
l'acquéreur des fruits, *l. 2, D, locat.* et Instituts

de loc. cond. in principio, et *l.* 32, § *hæredis*, *D*, *de usufr. legat.*, quand il les perçoit, c'est au nom de l'usufruitier dont il est cessionnaire à cet égard, et cela produit le même effet que si l'usufruitier les avait perçus lui-même, *l.* 38, *D*, *de usufr.* » Une autre raison qu'en donne Auroux Despomier, art. 263, est que le prix venant des fruits est de même nature que les fruits, que le terme apposé au paiement ne change pas cette nature du prix qui représente les fruits. Telle était l'ancienne jurisprudence.

Mais l'article 586 a anéanti cette jurisprudence, et veut que le prix de la ferme soit mis au rang des fruits civils, et n'appartienne à l'usufruitier ou ses héritiers qu'à proportion de la durée de l'usufruit. On a pensé, a dit M. Garry, portant la parole devant le corps législatif, que l'usufruitier ayant converti son droit de percevoir les fruits en une rente, il fallait que cette rente subît le sort des loyers de maison, et des autres fruits civils; cela prévient les difficultés auxquelles donnait lieu la loi romaine, lorsque diverses natures de fruits se percevaient en différens temps, ou lorsqu'une partie seulement des fruits étant recueillie, il fallait déterminer par une ventilation les portions du prix du bail à répartir entre les parties intéressées.

On voit que l'opinion de chaque législateur est fondée sur de bonnes raisons. Mais quelles qu'elles soient, il faut obéir à la décision du dernier.

Au reste, je ne pense pas que lesdits articles confondent avec des beaux à ferme, le prix de la vente de la récolte particulière d'une année, pour le paiement duquel l'usufruitier aurait accordé un délai. Si l'acheteur a emporté tous les fruits avant la mort de l'usufruitier, celui-ci est censé les avoir perçus lui-même. Son arrangement avec l'acquéreur ne doit pas lui devenir fatal. Il semble donc que c'est le cas d'appliquer l'espèce portée par la susdite loi *defunctá*. L'usufruitier vend sa récolte et convient que le prix ne sera acquitté qu'au mois de mars de l'année suivante. L'acheteur a tout perçu dès le mois d'octobre. L'usufruitier meurt en décembre. L'acquéreur doit remettre le prix entier aux héritiers, lorsque le terme convenu du mois de mars de l'année suivante sera arrivé.

Pour revenir aux fruits civils, le partage entre les héritiers de l'usufruitier et le propriétaire, est le même que celui auquel procèdent le mari usufruitier de la dot de sa femme, et les héritiers de celle-ci. Voyez l'article 1571 du C. C. On y procédait encore de la même manière, entre les possesseurs de bénéfices ecclésiastiques. Les héritiers du défunt prenaient leur portion des fruits de l'année quoique non récoltés ni murs au moment du décès, et ce à proportion que le bénéficier avait vécu. La raison de la déférence entre ces deux espèces d'usufruitiers et les usufruitiers ordinaires, est que l'usufruit était attribué aux premiers *ratione operis,* pour supporter les charges, l'un du mariage, l'autre du service du bénéfice ; tandis que l'usufruit des seconds est purement gratuit, attaché à leur seule personne, et ne leur est dû que *ratione juris ;* voilà pourquoi le mari ou l'ecclésiastique reviennent chercher leur portion contingente sur tous les fruits quelconques, et que l'usufruitier ne doit réclamer la sienne que sur les fruits civils.

N.º 8. Les héritiers de l'usufruitier n'ont, a-t-il été dit, rien à voir aux fruits de la terre après la mort de l'usufruitier. Cependant, s'il y a eu procès sur l'usufruit, si avant le jugement, le propriétaire les a perçus, les héritiers seront en droit de continuer les poursuites lorsque l'usufruitier décède pendant le cours de l'instance ; et, au cas qu'ils gagnent le procès, ils seront également en droit de se faire restituer tous les fruits perçus, ou dus être perçus pendant que l'usufruitier vivait. *Si post litem de usufructu contestatam..... mortuus fuerit fructuarius, hæredi ejus actionem præteritorum duntaxat fructuum dandam, Pomponius..... scribit, l. utifrui 5, § si post 4, D, si ususf. petetur.*

Art. 133. N.º 1. La loi n'est pas moins sévère à l'égard des bâtimens qu'à l'égard des fruits. Pendant que l'usufruit dure, dit Loiseau, du déguerpuissement, liv. 5, chap. 5, n. 18, « l'usufruitier peut démolir les bâtimens par lui faits. Mais après son usufruit expiré, il ne le pourrait plus faire;

comme n'ayant plus aucun droit ni pouvoir sur la chose. » *Sed si quid inædificaverit, posteà neque eum tollere hoc neque refigere posse; l. sed si quid* 15, *D, de usufr. et quemadm. quis.* Si donc il laisse, à sa mort, ces édifices sur pied, il est censé avoir voulu en faire présent au propriétaire. En vain opposera-t-on cet adage si commun que personne ne doit s'enrichir aux dépens d'autrui. Non, on ne le doit pas malgré autrui, mais on le peut lorsque c'est de son consentement, et ce consentement tacite est présumé par la loi. L'usufruitier qui ne veut pas procurer un pareil bénéfice au propriétaire, peut donc défaire ce qu'il a fait. Il ne s'est pas lié en travaillant pour sa commodité passagère. Son goût peut changer, lui inspirer de l'aversion pour ce qui lui avait paru agréable auparavant.

Il enlèvera aussi les ornemens, améliorations et décorations qui pourront disparaître sans gâter l'objet usufruité, à la charge de remettre ledit objet en l'état où il l'a trouvé à son entrée; *planè refixa posse vindicare, l. eád.* Il a donc la liberté de détacher ce qu'il avait fait sceller et attacher, dit Alciat, par argument de la loi *in fundo* 38, *D, de rei vindic.*, laquelle donne le pouvoir à celui qui a fait quelque travail sur le fonds d'un autre, de l'ôter pourvu que l'enlèvement se fasse sans détériorer le fonds, et de manière qu'il ne paraisse pas qu'il y ait eu ni travail ni enlèvement. *Sufficit tibi permitti tollere ex his rebus quæ possit, dùm ita non deterior sit fundus quàm si initio non foret ædificatum.* L'article 599 du C. C. l'y autorise. Mais les améliorations qui ne peuvent pas se lever sans endommager le fonds, qui lui sont inhérentes, ou y sont incrustées, demeureront par force, sans pouvoir réclamer la moindre indemnité que ledit article lui prohibe, « encore que la valeur de la chose en soit augmentée. »

Sous le nom d'autres ornemens employé par le susdit article 599, on doit comprendre le poisson que l'usufruitier aura placé dans un vivier ou réservoir, les pigeons dans un colombier, où il n'y en avait pas auparavant; etc., etc., tout quoi peut être emporté sans endommager le bien. Voyez ci-devant, article 66, page 79.

ART. 134. N.º 1. Rien de si aisé que de rendre un immeuble lorsque l'usufruit est fini. On le rend en nature, sauf à vérifier s'il a été dégradé. Mais la remise des denrées et de l'argent comptant n'est pas aussi facile, puisqu'on ne peut pas remettre les mêmes denrées, ni les mêmes espèces d'argent si on les a produites dans le commerce.

Quant à l'argent comptant, il en rendra la même quantité et la même valeur suivant les mêmes Inst. art. 587 du C. C. Voyez ledit art. 48, n. 6, p. 130; art. 51, pag. 139, et art. 89, n. 2.

Il n'en est pas de même du linge, des meubles

meublans, et de tout ce qui se détériore peu à peu par l'usage, on doit à la fin de l'usufruit, les représenter en l'état où ils se trouvent, quoique détériorés par l'usage, pourvu que la détérioration n'ait pas été occasionnée par le dol ou la fraude de l'usufruitier, et qu'il ne les ait pas appliqué à un autre usage que celui pour lequel ils étaient exclusivement destinés. Article 589 du C. C. La loi 9, § 3, *ususfr. quem. cav.* dispensait l'usufruitier de les représenter s'ils étaient péris sans sa faute, mais l'article exige une représentation quelconque; autrement, comme l'observe Malleville, on lui fournirait un prétexte pour les soustraire.

Enfin les objets fongibiles, et qui se consument, tels que les grains, les liqueurs, etc., se remplacent par d'autres de même qualité, comme il a été dit ci-devant, ou l'usufruitier en paye la valeur, suivant l'estimation. Art. 587 du C. C.

L'estimation doit être faite sur leur valeur au temps que l'usufruitier les a prises, dit Domat, de l'usufruit, sect. 3, n. 7. Voyez pag. 127 et 128 du tome premier.

N.º 2. Si un usufruit a été constitué en dot, le mari ou ses héritiers ne sont obligés, à la dissolution du mariage, que de restituer le droit d'usufruit, et non les fruits échus pendant le mariage; art. 1568 du C. C. Cette décision n'est qu'une traduction du § *si ususfructus* 2, de la loi *dotis fructum* 7, *D, de jure dotium*; voyez Dupérier, en ses maximes de droit, qui cite la loi 4, *D, de pact. dot.*, et Cujas sur la loi *unic.* § *cumque, cod. de rei uxor. act.*

ART. 135. Les lois romaines faisaient cesser à l'instant de l'expiration de l'usufruit, le bail consenti par l'usufruitier. Le fermier qui, dans l'espoir de jouir long-temps, avait fait, pour son utilité, des réparations perdues pour lui par l'événement, n'avait aucune répétition à exercer, ni contre l'usufruitier, ni contre le propriétaire, parce qu'il avait dû prévoir cet événement, *hoc enim ei evenire posse prospicere debuit; l. si quis fundum* 9, § 1, *D, locat. conduct.* Coquille, quest. 156, distinguait entre les réparations faites pour son profit particulier, et celles qui tendaient à l'amélioration du bien, il voulait que « le propriétaire fût tenu de faire récompense de ces dernières. » Quelles qu'elles fussent, ledit fermier pouvait néanmoins les répéter, ou au moins des dommages-intérêts, si l'usufruitier lui avait affermé en célant sa véritable qualité, et prenant celle de propriétaire, parce qu'alors il a commis une fraude, *decepit conductorem; dictâ lege.* Voyez d'Olive, liv. 1, ch. 17.

Ces lois dérivaient nécessairement du principe certain et incontestable, qu'avec l'usufruit expire tout ce qui y est relatif; au point que l'usufruitier ne peut ramasser la récolte quoique mure et prête à cueillir, si elle ne l'a pas été au moment précis que finit l'usufruit, comme il est dit article 132. S'il n'a aucun droit à ces fruits, le fermier qui tient le sien de lui, devrait-il en avoir d'avantage ? Peut-il en avoir reçu plus que le bailleur n'a lui-même ? Mais les lois nouvelles en ont décidé autrement, elles prolongent le bail pour tout le temps qu'il était consenti par l'usufruitier. Si l'usufruitier donne à ferme, il doit se conformer pour les époques où les beaux doivent être renouvellés, et pour leur durée, aux règles établies pour le mari à l'égard des biens de la femme, art. 595 du C. C., Ces règles sont établies par les articles 1429 et 1430 du C. C., l'un permet au mari de passer bail pour neuf ans; s'il meurt avant l'accomplissement des neuf ans, le fermier continuera son bail. L'autre défend au mari de renouveller le bail plus de trois ans avant l'expiration du premier s'il s'agit de biens ruraux, et plus de deux ans avant la même époque s'il s'agit de maison. Cependant si ce second bail anticipé a commencé à être exécuté avant l'expiration de l'usufruit, le fermier restera en jouissance pendant tout le temps désigné. Ces décisions sont puisées dans les lois des pays coutumiers où le mari maître de la communauté pouvait affermer les biens, même ceux de la femme, voyez, entre autres, l'art. 227 de la coutume de Paris. Mais dans les pays de droit écrit, le bail passé par le mari, quoique maître de la dot, cessait par sa mort, voyez Despeisses, du louage, sect. 5. Le bail consenti par le tuteur dure aussi après la majorité du mineur. On ne

devrait cependant pas argumenter du bail du tuteur
ni de celui du mari, au bail de l'usufruitier. Le
tuteur est procureur légal du mineur, le mari est
bien plus que procureur légal de sa femme à l'égard
des biens dotaux. Mais le nouveau législateur a
cru vraisemblablement que la prolongation du bail
tournerait au profit du propriétaire, en ce que
le fermier assuré de jouir peut améliorer le bien,
tandis que celui qui ne l'est pas, ne cherche qu'à
tirer tout le parti possible de sa courte jouissance.

L'usufruitier ne devant pas renouveller le bail
avant le temps marqué, s'il procède au renouvellement avant ce temps-là, le propriétaire entrant
en possession, n'est pas obligé de le tenir quand
même il serait héritier dudit usufruitier. La veuve
Larcin usufruitière d'immeubles appartenans en
propriété à sa fille, en avait passé un premier bail
qui ne devait expirer qu'à la fin de novembre 1811;
elle le prolonge, le 26 janvier 1807, pour neuf ans,
et meurt en 1810. Sa fille son unique héritière, et
propriétaire desdits immeubles, refuse d'entretenir
ce second bail. Le fermier lui répond qu'étant
héritière de sa mère, elle devait garantir ses faits.
Arrêt à la cour de Bruxelles, le 29 juillet 1812,
qui déclare sans effet le bail dont s'agit. Cet arrêt
est juste; la décision du C. C. étant exhorbitante
du droit commun, ne doit être observée que dans
la plus grande rigueur. Il y a même lieu de croire
qu'elle n'est pas applicable au cas où l'usufruit,

au lieu de s'étendre à la vie de l'usufruitier, serait borné à un temps déterminé.

ART. 136. Autrefois on n'était pas d'accord sur la question, si les héritiers de l'usufruitier qui se voyaient frustrés de la récolte, au moment de la percevoir, avaient droit de répéter les frais de labours et semences. On convenait bien universellement que l'usufruitier entrant en possession n'avait rien à rembourser à cet égard aux héritiers du testateur, parce que celui-ci était censé avoir légué ce qui précédait la jouissance de l'usufruit avec l'usufruit lui-même. Quelques personnes pensaient que par réciprocité, l'usufruitier n'avait, à son tour, aucune réclamation à former. D'autres, au contraire, soutenaient que la raison n'était pas la même, qu'il était juste que l'usufruitier fût dédommagé. Des arrêts opposés les uns aux autres, avaient adopté ces deux opinions différentes. L'article 585 du C. C. refuse toute récompense aux héritiers de l'usufruitier. Ainsi, de part et d'autre, on profite gratuitement du travail et de la dépense d'autrui. Il n'en est pas tout-à-fait de même à l'égard du mari. La loi 7, *D, soluto matrim.* lui accorde les dépenses faites dans le bien dotal, quand il est privé des fruits pendans. Mais son usufruit destiné à supporter les charges du mariage, est d'un genre particulier.

Le mot *récompense*, qu'emploie l'article précité exclut-il tout déboursé de la part de l'usufruitier?

Oui, pour ce qui concerne le remboursement des dépenses acquittées. Quelque amélioration qui résulte de ces dépensés payées, l'art. 599 rejette toute répétition. Mais si ces dépenses sont encore dues, à la charge de qui seront-elles? Bacquet, des droits de justice, liv. 15, n. 18, veut que si les labours des terres et les façons des vignes ne sont pas encore payés lors de l'entrée en jouissance, soit de l'usufruitier, soit du propriétaire, celui qui doit en profiter les acquitte. En effet, il serait bien dur pour les héritiers du testateur et de l'usufruitier, de solder, après coup, un travail dont un autre tirera tout l'avantage; pourvu toutefois qu'il n'y ait pas d'affectation de part ni d'autre. L'équité veut encore que si l'usufruitier a trouvé les terres ensemencées, et les vignes travaillées, et que, si l'usufruit finit dans un temps où ces travaux doivent être faits, il ne profite pas de sa négligence à payer le salaire des ouvriers. D'un autre côté, la même équité veut que si l'usufruitier qui n'a pas trouvé les terres préparées lorsque son usufruit a commencé, décède à la veille de la récolte, sans avoir satisfait les journaliers qui les ont mises en bon état, le propriétaire paye le travail de ces gens là. Mais si ce travail est payé, tout est terminé, point de récompense à prétendre.

Il ne paraît pas que l'obligation doive être la même pour les améliorations d'agrément. Que l'usufruitier les emporte, s'il peut, sans détériorer, sinon, il doit s'imputer de les avoir faites.

Art. 137. On a vu que, suivant les lois romaines, l'usufruit peut être perdu par plusieurs causes.

Le testateur a pu remédier à toutes ces causes quelles qu'elles soient, excepté la mort, qui ont pu entraîner la perte du susdit usufruit en insérant dans son testament, qu'il veut qu'il renaisse, en cas d'extinction, et qu'il le renouvelle. Ce n'est plus, dit la Glose, le même usufruit, mais un second. La loi exprime ce renouvellement par le mot *repetere*, et dit, *repeti potest ususfructus legatus amissus qualicunque ratione, dummodò non morte. L. repeti* 5, D, *quib. mod. ususfr. amitt.*; et la loi *sicut* 5, D, *eod.* Ces deux lois y mettent cependant une restriction, à moins que le testateur n'ait ordonné que l'usufruit passera à l'héritier dudit usufruitier, *nisi fortè hæredibus legaverit.* Il a été dit ailleurs que cette transmission à l'héritier ne renfermait pas de substitution. Dans ce cas, le testateur a préféré l'héritier de l'usufruitier aux siens propres.

La loi *sicut* permet au testateur de renouveller le legs, même dans le cas de mort civile, mais seulement suivant la restriction portée par la loi *licet* 23, D, *de usu et usuf. et red.*, lorsque le legs est fait pour en jouir d'une année entre autres. En France, la mort civile éteint tout, et pour toujours, sauf les alimens que l'article 25 du C. C. permet d'accorder.

Je ne trouve rien dans le C. C. qui empêche le testateur de déclarer que l'usufruit sera toujours dû, de quelque sorte qu'il prenne fin, excepté la mort civile.

———

Avant de terminer ce qui regarde l'usufruit, je dois rendre compte d'une question qui a été agitée devant notre cour.

L'art. 918 du C. C. porte : « la valeur en pleine propriété des biens aliénés, soit à charge de rente viagère, soit à fonds perdu, *ou avec réserve d'u-sufruit*, à l'un des successibles en ligne directe, sera imputée sur la portion disponible, et l'excédant, s'il y en a, sera rapporté à la masse. » Sur quoi, on a agité devant notre cour : la disposition de cet article dispense-t-elle de vérifier si les charges imposées à l'acquéreur excèdent le revenu de l'objet vendu, et quand il est constant qu'elles l'excèdent, les tribunaux doivent-ils avoir égard à cet excédant, pour déterminer l'imputation susdite ? Voici le fait qui a donné lieu à cette question. Léonard Noailhe vend par acte devant notaire, le 24 septembre 1808, une maison à un de ses enfans, moyennant huit mille francs payables après sa mort, sous la réserve d'une pension viagère de douze cents francs par an, tant pour lui que pour sa femme, réductible à deux cents francs en faveur de sa femme, au cas qu'il la prédécédât, sous la réserve encore de l'usufruit d'un appartement pour lui et pour sa femme jusqu'au décès du dernier vivant. La pension a été exactement payée, le mari et la femme ont joui tranquillement du logement réservé. Quelque temps après, le sieur Noailhe donna par testament le quart en préciput à un autre de ses enfans, frère de l'acquéreur, et décéda en 1812.

Après ce décès, on procéda au partage de la succession. Quelques-uns des enfans qui n'avaient pas consenti à la vente, demandèrent qu'on imputat sur la portion disponible l'avantage qu'ils prétendaient résulter de ladite vente, vu que tout ce qui représente le viager et l'usufruit réservé dans la valeur de la maison vendue est imputable sur ladite quotité disponible, que les termes de la loi sont impératifs. Il paraissait évident d'après une estimation préalablement ordonnée de la maison, que les charges excédaient le revenu. Mais ils soutenaient que la loi ne s'occupe d'aucune proportion, et répute sans examen et sans vérification toute aliénation à fonds perdu imputable, sans égard aux charges, que c'est ainsi que l'enseignent M. Merlin, Répertoire de jurisprudence, au mot *réserve*, page 334, et M. Grenier, tome 2 de son Traité des donations, page 394, qui ajoutent que ledit article 918 frappe, sans distinction, les actes qualifiés donations, ou ventes, faites à charge de rente viagère, ou à fonds perdu, ou avec réserve d'usufruit.

Le tribunal de première instance de Limoges, ordonna l'imputation sans égard aux charges. Sur l'appel, la cour de la même ville, considérant que l'article 918 du C. C. s'explique d'une manière si précise, qu'il ne laisse aucun doute sur la solution de la question, que les premiers juges ont fait une juste application des principes, met l'appel au néant. Arrêt des 20 et 21 décembre 1813. Ce même arrêt a décidé encore, d'après le même article, que ceux des enfans qui avaient consenti à l'aliénation de la maison, n'étaient pas recevables à demander ladite imputation, que ceux-là seuls l'étaient qui n'avaient pas donné leur consentement.

SECONDE PARTIE.

DE L'USAGE.

Nota. IL est assez rare de ne laisser qu'un simple usage. La plupart de ceux qui veulent exercer quelque générosité envers un autre, ignorent la différence existante entre l'usage et l'usufruit. Une multitude de notaires l'ignore également, de manière qu'on voit presque toujours le mot *usufruit* consigné dans les contrats, quoique l'intention du donateur, qui ne connaît l'étendue ni de l'un ni de l'autre, soit souvent frustrée. Pour enlever toute ambiguité, on doit employer les termes dont parle Mornac sur la loi *si habitatio* 10, *D, de usu et habit.* de *simple usage, simple jouissance, usager, simple usager*, ou autres équivalens.

Cependant, comme il se trouve des actes qui, se conformant à cette diction, ne renferment que l'usage, il faut expliquer en quoi il consiste.

DÉFINITION DE L'USAGE.

ART. 138. N.º 1. On peut définir l'usage, un droit purement personnel qu'a un particulier de percevoir sur les fruits d'un bien dont la propriété appartient

à autrui, jusqu'à concurrence de ce qui est nécessaire pour la consommation de sa maison, non
au delà ; à la différence de l'usufruitier qui emporte tout le produit. *Minus autem juris est in
usu quàm in usufructu,* de manière que l'usager,
seulement *ad usum quotidianum utatur ; Inst.,
liv.* 2, *tit.* 5, § 1. — *Cui usus relictus est, uti potest,
frui non potest ; l. cui usus* 2, *D, de usu et habit.*
La loi *si habitatio* 10, § *si usus* 4, *D, eod.* assure
que ladite différence est considérable ; *si usus fundi
sit relictus, minùs utique esse quàm fructum, lon-
geque distare, nemo dubitat.*

« L'usage, dit Domat, lois civiles, part. 1, tit. 11,
sect. 2, est dinstingué de l'usufruit, en ce qu'au
lieu que l'usufruit est le droit de jouir de tous
les fruits et revenus que peut produire le fonds
qui y est sujet, l'usage ne consiste qu'au droit de
prendre sur les fruits du fonds, la portion que
l'usager peut en consumer, selon ce qui est nécessaire pour sa personne, ou réglé par son titre,
et le surplus appartient au maître du fonds. » Voyez
ce qu'ajoute cet auteur pour plus grand dévelop-
pement de ce principe.

N.º 2. Afin de mettre dans cette seconde partie
le plus d'ordre et de clarté qu'il me sera possible,
je suivrai le plan que j'ai employé à l'égard de l'u-
sufruit. J'exposerai 1.º comment il s'établit, 2.º comment on doit en jouir, 3.º comment il finit.

PREMIÈRE DIVISION.

Par quels actes, et sur quoi s'établit l'Usage.

ART. 139. N.º 1. L'usage s'établit par les mêmes moyens que l'usufruit. *Iisdem illis modis quibus ususfructus constituitur, etiam nudus usus constitui solet, Inst., liv. 2, tit. 5. — Quibus autem modis ususfructus et constitit et finitur, iisdem modis etiam nudus usus solet et constitui et finiri; l. omnium 3, § ult., D, de usufr. et quemadm. quis. — Constituitur etiam nudus usus, id est fine fructu, qui et ipse iisdem modis constitui solet, quibus et ususfructus; l. 1, § 1, D, de usu et hab.* « Les droits d'usage et d'habitation s'établissent et se perdent de la même manière que l'usufruit. » Art. 625 du C. C.

Quant aux expressions dont il résulte, si elles sont obscures, on recoura pour leur interprétation, à ce qui a été dit de l'usufruit.

N.º 2. Il s'établit sur toutes espèces de biens; en faveur de toutes sortes de personnes; pour tel temps limité qu'il plaît au constituant, ou pour la vie de l'usager. Il est susceptible de charges et de conditions; il commence à être dû au moment du décès du testateur, ou à l'époque fixée par le constituant. Ainsi tout ce qui a été dit dans la première partie, de l'usufruit, est commun avec l'usage.

N.º 3. Le don des fruits ajouté à celui d'usage sur la même tête se confond avec l'usage; l'usager devient alors plus qu'usager, il est usufruitier. *Usu legato, si eidem fructus legetur; Pomponius ait confundi eum cum usu; l. per servum* 14, § *usu* 2, *D, de usu et habit.* Peu importe, dit le § 1 de ladite loi, qu'on exprime le mot *usufruit,* ou qu'on ne donne que les fruits simplement. Sous le nom de *fruits* est compris de droit l'usufruit, et au moyen de ce, c'est l'usufruit qui a été constitué, non un pur usage. C'est donc improprement que la loi dit que l'usufruit se confond avec l'usage. C'est plutôt l'usage qui se confond dans l'usufruit.

N.º 4. Il résulte de la même loi que l'usage peut être à l'un, et l'usufruit à l'autre. Alors ils concourent ensemble au partage des fruits. *Idem ait, et si tibi usus, mihi fructus legetur, concurrere nos in usu me solum fructum habiturum.* Mais ce concours est admis de manière que l'usager commencera par prendre ce dont il aura besoin; l'usufruitier n'aura que le surplus; comme il a été dit, art. 104, et qu'il sera répété, art. 143, n. 5.

N.º 5. Il en résulte encore que l'usage peut être à l'un, l'usufruit à un autre, la propriété à un troisième. Par exemple, dit cette loi, le propriétaire lègue l'usage à un particulier. Après sa mort, son héritier constitue l'usufruit en faveur d'un autre particulier, se réservant la propriété. L'usufruitier qui ne tient l'usufruit que de l'héritier, ne percevra que ce que l'héritier aurait perçu lui-même, c'est-à-dire l'excédant de l'usager auquel il est parfaitement indifférent que l'héritier ait gardé ou cédé l'usufruit. Ce même cas peut encore se rencontrer lorsque le testateur lègue la propriété à l'un, l'usufruit à un autre, l'usage à un troisième.

N.° 6. On ne peut, dit la loi *usus pars* 19, *D, de usu et habit.*, léguer partie de l'usage, à la différence de l'usufruit. *Usûs pars legati non potest, nam frui quidem pro parte possumus ; uti pro parte non possumus.* La raison en est que l'usager ne devant avoir que ce qui lui est nécessaire pour sa consommation, on ne peut pas le lui retrancher. Néanmoins on peut donner en simple usage, une portion aliquote d'un bien, d'un pré, d'un champ, que cette portion suffise ou non au légataire. Quand il est dit que l'usager prendra ce qui lui est nécessaire, cela s'entend qu'il ne prendra pas au delà, mais non qu'on ne puisse pas lui laisser moins. L'usage reçoit plus ou moins d'étendue suivant le titre qui l'a établi; art. 628 du C. C. La raison que donne Cujas, de cette loi, dans son commentaire sur la loi 72, *D, de verb. obligat.* est que l'usage est *servitus personnalis non prædialis*, et dans son commentaire *ad Africanum* traité 5, que *magis est juris quàm facti*, tandis qu'au contraire l'usufruit *magis est facti quàm juris*. Cette explication tient aux subtilités des lois romaines.

N.º 7. L'usage peut être établi sur toutes espèces
de biens, meubles, immeubles, comme il a été
dit, même sur l'argent comptant que les lois assi-
milent au legs d'usufruit, en ce qui concerne l'argent, l'argenterie, les comestibles, et tout ce qui se
consume. Il est bien certain que l'usage et l'usufruit
du numéraire sont identifiés, qu'ils ne sont qu'un
seul et même droit sous deux noms différens. L'argent est remis entre les mains de l'usager qui en fait
son profit, à la charge d'en remettre la même quantité et valeur, à l'expiration de l'usage. Les denrées
se consument, et les autres choses sujettes à dépérir,
ne pouvant pas être conservées, il n'existe aucune
différence, à leur égard, entre l'usage et l'usufruit.
*Quæ in usufructu pecuniæ diximus, vel cæterarum
rerum quæ sunt in abusu, eadem et in usu dicenda
sunt nam, idem continere usum pecuniæ et usumfructum, Julianus scribit. L. hoc senatusconsultum
5, § quæ in 2, D, de usufr. ear. rer. quæ. — Si
usus tantùm pecuniæ legatus sit, quià in hâc specie
usûs appellatione etiam fructum contineri, magis
accipiendum est; l. quoniam 10, § 1, D, eod.*

N.º 8. Ce ne sont pas seulement les objets pé-
rissables qui sont susceptibles d'usage, les élémens
le sont aussi, en tant qu'ils dépendent du pouvoir
humain. On peut donc donner l'usage de puiser
de l'eau dans une fontaine, un puits, de la prendre ailleurs pour boire, pour laver, pour arroser
une prairie, etc. *L. usus aquæ 21, D, de usu et habit.*
Son usage ne diffère encore en rien de l'usufruit.

SECONDE DIVISION.

---

§. I.er

Des devoirs de l'Usager.

ART. 140. N.º 1. L'usager a, à l'instar de l'usufruitier, des devoirs à remplir. Le premier est de
fournir caution et de faire inventaire; art. 626 du
C. C. Il doit donc, avant d'entrer en jouissance,
observer les mêmes formalités que l'usufruitier.
*Sed si usus sine usufructu legatus erit, ademptâ
fructûs causâ, satisdari jubet prætor, hoc merito,
ut de solo usu, non etiam de usufructu caveatur.
Ergo etsi fructus sine usu obtigerit, stipulatio locum
habebit; l. hac stipulatione 5, § 1 et 2, D, ususf.
quemadm. cav.* La veuve à qui le mari a laissé
l'usage d'une maison, la fournira, quoique le testateur veuille que ses enfans habitent avec elle.
L. usu quoque 11, D, eod. Il doit caution même
pour l'usage du travail d'une personne ou d'un
animal. *Si... operæ hominis vel cujus alterius ani-
malis relictæ fuerint, stipulatio locum habebit;
licèt per hæc omnia usumfructum non imitantur.
L. ead., § 3.*

De solo usu, non de usufructu, dit la loi;
d'où il suit que la caution de l'usager ne doit pas

être aussi étendue que celle de l'usufruitier. Cependant elle l'est autant, en quelque façon, car elle doit tomber, comme celle de l'usufruitier, sur la promesse de jouir en bon père de famille. A la vérité, sa jouissance ne comprend pas, en général, autant d'objets; mais elle ne doit pas être plus abusive dans sa partie, que celle de l'usufruitier dans la sienne.

La loi suivante *idem est*, 6, veut que celui à qui on a légué le revenu d'un fonds, par exemple la vendange, la moisson, fournisse caution. Elle ne peut s'entendre que du cas où le légataire jouirait lui-même le fonds; car s'il reçoit l'un et l'autre des mains du propriétaire, il n'a pas besoin de cautionner d'user en bon père de famille d'une récolte détachée du fonds, de laquelle il est le maître de disposer à son gré.

Il peut être gratifié du même avantage que l'usufruitier, être dispensé et de la caution et de l'inventaire.

N.º 2. Il est au surplus astreint aux mêmes devoirs que l'usufruitier.

N.º 3. Il l'est surtout aux réparations et aux impositions, en la manière qui suit: « si l'usager absorbe tous les fruits du fonds, ou s'il occupe la totalité de la maison, il est assujetti aux frais de culture, aux réparations d'entretien, et au paiement des contributions, comme l'usufruitier. S'il ne prend qu'une partie des fruits, ou s'il n'occupe qu'une partie de la maison, il contribue *au prorata* de ce dont il jouit, » art. 635 du C. C. L'usaer suit donc en cela à peu près les mêmes règles que l'usufruitier, lesquelles avaient été dictées par la loi *si domus* 18, *D, de usu et habit.*, ainsi conçue. *Si domús usus legatus sit sine fructu, communis refectio est in sartis tectis tàm hœredis quàm usuarii. Videamus tamen ne si fructum hœres accipiat, ipse reficere debeat; si vero talis res sit, cujus usus legatus est, ut hœrès fructum percipere non possit, legatarius reficere cogendus sit. Quæ distinctio rationem habet.*

§ II.

Des droits de l'Usager.

ART. 141. On peut léguer l'usage d'un bien-fonds, d'une maison soit de ville, soit de campagne. L'usage de la maison diffère de la simple habitation dont il sera parlé dans peu. Je commence par le bien-fonds et les maisons qui y sont adhérentes.

ART. 142. N.° 1. L'usage peut être donné tant du bien-fonds que de la maison de maître qui y est située, dans laquelle le maître avait coutume de se loger, et de serrer ses grains, que la loi appelle *prætorium*. S'il ne comprend que le bien simple-

ment, quoique la maison ne soit pas nommément
léguée avec le fonds, cependant s'il en existe une,
l'usager ne pourra pas moins y habiter. *Si usus
fundi sit relictus... Labeo ait habitare eum in
fundo posse; l. si habitatio* 10, § *si usus* 4, *D,
de usu et hab.* Cette loi ajoute qu'il pourra empêcher le propriétaire d'y venir, *dominumque pro-
hibuturum illò venire.* Ceci demande explication.
Si l'usager absorbe tout le revenu du bien, ce qu'il
peut faire quand ce revenu lui est nécessaire,
comme on le verra *infrà,* le propriétaire n'aura
pas de prétexte pour venir demeurer dans la maison, puisqu'il n'a rien à percevoir; mais si la totalité
n'est pas nécessaire pour la provision de l'usager,
il aura un logement pendant le temps de la récolte,
et la liberté d'y venir pour la ramasser. *Venire
planè proprietarium ad fructus percipiendos magis
dicendum est, et per ipsa tempora fructuum colli-
gendorum, etiam habitare illic posse, admitten-
dum est; l. plenum* 12, *D, eod.* Puisqu'il a la liberté
d'habiter dans la maison, il doit avoir celle d'y
loger les grains qu'il cueille, jusqu'à ce qu'ils puissent être transportés.

Mais bien qu'il n'ait pas besoin de logement, il
aura toujours le droit de parcourir le bien pour
veiller à ce qu'on ne le dégrade pas; dès lors qu'il
a celui d'y envoyer un garde champêtre, ce qui
sera démontré par la suite, il doit bien pouvoir
être son gardien lui-même, et épargner son argent.

La maison seule ayant été léguée sans le bien-fouds, l'usage ne serait presque qu'une prison pour l'usager, s'il ne pouvait pas en sortir. Il ira donc se promener dans le bien attenant, et y prendre l'air. *Præter habitationem quam habet cui usus datus est, deambulandi quoque et gestandi jus habebit*, § 1 de ladite loi *plenum*. Ce privilège se bornera-t-il à la simple promenade? La loi ne décide pas la question à l'égard de l'usager. Mais il y a lieu de penser qu'il doit être traité, au moins aussi favorablement que celui à qui la simple habitation a été léguée. Voyez ce qui est dit, art. 156, n. 3, au sujet du simple habituaire. Mornac sur ladite loi *plenum*, rapporte un jugement arbitral, et un autre du prévôt de Paris, qui adjugèrent à deux veuves usagères, une certaine étendue de terrein, mais il paraît que leurs maris leur avaient laissé plus qu'un simple usage, puisqu'il convient qu'elles devaient jouir *pleno jure usufructuarii*.

N.º 2. Lorsque l'usager n'a pas de logement dans le bien, il aura la faculté d'y venir pour soigner ses intérêts, et de s'y arrêter le temps nécessaire, de façon cependant à n'incommoder ni le maître ni les cultivateurs. *In eoque fundo hactenùs ei morari licet ut neque domino molestus sit, neque iis per quos opera rustica fiunt, impedimento; Inst. de usu et habit. liv. 2, tit. 5, § 1; — in eo quoque fundo hactenus ei morari licet, ut neque domino fundi molestus sit, neque his per quos operæ rustica fiunt, impedimento; l. in eoque* 11, *D, de usu et habit.*, c'est-à-dire qu'il ne doit pas y mettre d'affectation; car il ne peut guère paraître dans le bien sans leur occasionner quelque incommodité. Sa présence seule doit les importuner.

N.º 3. Le colon résidera dans les bâtimens, malgré l'usager, mais seulement avec la partie de sa famille qui y réside habituellement pour la culture. *Sed colonum non prohibiturum, nec familiam scilicet eam quæ agri colendi causâ illic sit; l. si habitatio* 10, § *si usus* 4, *D, de usu et hab.* La loi parle du propriétaire qui veut travailler lui-même comme colon; car tout autre cultivateur peut être mis hors des bâtimens, si l'usager le juge convenable, à moins que le bien ne produise au delà de ce qui est nécessaire audit usager. Dans ce cas, il ne serait pas juste que le maître en lui fournissant ce nécessaire, ne trouvât pas dans la maison même un cultivateur prêt à exécuter ses ordres. Le maître qui veut servir de colon ne peut en être empêché. *Is cui usus fundi legatus est, quominùs dominus agri colendi causâ ibi versetur, prohibere non potest. L. fundi* 15, § 1, *D, cod.* Alors, ce propriétaire sera obligé de se contenter de la partie ci-dessus de sa famille; il ne pourra pas y attirer l'autre partie qui a coutume de demeurer en ville. *Si urbanam familiam illò mittat, quâ ratione ipse prohibetur, et familiam prohibendam ejusdem rationis est; l. si habitatio* 10, § *si*

usus 4, *D, eod.* Cela est bon pour le temps ordinaire; mais dans des temps de presse, ne peut-il
pas appeler ses parens aussi bien que des manœu-
vres étrangères? Voyez ce que je dis encore à
l'article 146.

ART. 143. N.º 1. Ce qui vient d'être dit regarde
les bâtimens attachés aux biens-fonds; quant aux
biens-fonds eux-mêmes, il faut distinguer le legs
du bien garni, que la loi appelle *instructum*, de
celui du bien simplement. Le bien est donné garni
lorsque le testateur l'a donné avec tous ses assor-
timens, ou tel qu'il est, ou avec ses circonstances
et dépendances, en un mot s'est servi d'expressions qui dénotent que son intention a été de le
laisser pourvu de tout ce qu'il faut pour sa culture.
Alors, l'usager aura à son service les bestiaux, les
outils aratoires, la vaisselle vinaire, les troupeaux
dont le fumier engraisse la terre, et tout ce qui
est détaillé dans la loi *in instrumento* 8, *D, de
instruc. vel instrum. leg.*, qui comprend même les
fourches pour faire le foin. Il jouira de tous ses
objets généralement quoique chacun d'eux n'ait
pas été désigné nommément. *Si ita legatus esset
usus fundi, ut instructus est, earum-rerum quæ in
instrumento fundi essent, perindè ad legatarium
usûs pertineret, ac si nominatim ei earum rerum
usus legatus fuisset; l. si ita legatus* 16, *D, de
usu et habit.*

N.º 2. Si le bien simple a été légué, si rien ne

démontre que le testateur ait voulu le laisser avec
ses accessoires, l'usager doit se procurer les bestiaux, et tout ce qui est indispensable pour l'ex-
ploitation. Telle est la conséquence de la loi *si
ita legatus*, car si ces différens objets faisaient de
droit partie du legs, il serait fort égal qu'il fût
déclaré garni, ou non. Mais la loi ne les y comprend qu'autant qu'il est fait avec sa garniture. *Si
ita legatus esset usus fundi, ut instructus est.* Cependant la loi *si habitatio* 10, § *si usus* 4, *in fine*,
accorde à l'usager la vaisselle vinaire et celle qui
est propre à la fabrication de l'huile. *Idem labeo
ait, et cellá vinariá, et oleariá eum solum usurum,
dominum verò, invito eo non usurum.* La loi les lui
accorde exclusivement au propriétaire qui ne pourra pas s'en servir pour son usage, même pour ce
qu'il cueille dans le bien.

Mais cette loi ne peut s'entendre que des cuves,
pressoirs, et autres objets déclarés immeubles par
destination, par l'art. 524 du C. C.; autrement elle
impliquerait contradiction avec ladite loi *si ita*.

N.° 3. Que l'usager soit logé ou non, qu'il ait
le bien garni ou non, voyons ce qu'il a droit de
récolter. Il prendra sa portion de légumes, de
fruits, de fleurs, de foin, de paille et de bois pour
son chauffage. *Is qui fundi nudum usum habet,
nihil ulterius habere intelligitur, quàm ut oleribus,
pomis, floribus, fœno, stramentis, et lignis ad
usum quotidianum utatur; Inst. de usu et hab.* § 1,

liv. 2, tit. 5, la loi *plenum* 12, § 1, *D, de usu et habit.*, fait la même énumération, et y ajoute l'eau. *Lignis ad usum quotidianum, et horto, et pomis, et oleribus, et floribus, et aquâ usurum... Idem nerva et adjicit stramentis etiam usurum.*

Des termes des Instituts, *nihil ampliùs*, il résulterait que l'usager d'un bien ne pourrait prendre que des bagatelles, telles que des légumes, des fleurs ; et qu'il ne devrait pas toucher aux objets les plus solides, tels que le blé, la vendange. Ladite loi *plenum* 12, § 1, apprend que le jurisconsulte Nerva les lui refuse nommément ; mais elle rejette cette opinion et les lui adjuge avec tout ce qui naît dans le bien. *Idem Nerva et adjicit... Sed neque foliis, neque oleo, neque frumento, neque frugibus usurum ; sed sabinus, et cassius, et labeo, et proculus, hoc ampliùs etiam ex his quæ in fundo nascuntur, quoad victum sibi et suis sufficiat, sumpturum, et ex his quæ Nerva negavit.* Ces quatre derniers jurisconsultes sont encore plus favorables à l'usager, car ils consentent qu'il en fasse part à ses amis, qu'il les invite à venir se réjouir avec lui, *jubentiùs autem cum conviviis et hospitibus posse uti.* L'empereur érige en loi leur avis, *quæ sententia mihi vera videtur.* Ce serait monter le ridicule au plus haut période que de vouloir restreindre l'usage d'un bien à ceux du fruit et des légumes, tout au plus à la provision du bois, et d'en retrancher les grains.

Mais cette latitude est bientôt resserrée par la loi elle-même, qui veut que l'usager fasse sur les lieux la consommation de ces objets de plus grande importance. *Sed utetur his (ut puto) duntaxat in villá, dicto §.* Cela ne peut être, dit la Glose, qu'autant qu'il habitera dans le bien. S'il n'habite pas le bien, soit parce qu'il n'y a pas de logement, soit parce qu'il ne veut pas y demeurer, car quoiqu'il le puisse, s'il le juge à propos, il ne doit pas y être contraint, faudra-t-il qu'il perde ce qu'il y a de plus précieux ? Lorsque ce qui doit lui revenir, sera réglé en la manière qui va être dite, ne sera-t-il le maître d'en faire la consommation dans d'autres endroits ?

Quant aux choses de moindre conséquence, les fruits, légumes, bois à brûler, il les portera à la ville. *Pomis autem, et oleribus, et floribus, et lignis, videndum, utrùm eodem loco utatur duntaxat, an etiam in oppidum ei deferri possint ; sed meliùs est accipere et in oppidum deferenda ; dicto §.* Ainsi, à partir de ces lois, l'usage n'aboutirait pour celui qui ne réside pas sur les lieux, qu'à quelques bouquets, ou à quelques plats de dessert, et à très-peu de choses au delà. Mais il est un principe qu'on ne doit pas perdre de vue, savoir que l'usager a droit de prélever ce qui lui est nécessaire pour lui et les siens, tant en grains qu'en toute autre production territoriale. Ce prélèvement fait, doit le suivre dans tous les endroits où il l'emportera. Il est très-indifférent au propriétaire qu'il le consomme là ou là.

Il est étonnant que la loi assimile le bois à brûler aux fruits et légumes et autres minuties qui sont transportables. Sans doute il était plus commun en Italie qu'il ne l'est aujourd'hui en France, ou que le pays étant plus chaud, on en faisait une moindre consommation.

N.º 4. La quantité de chaque objet se réglera par le titre qui a établi l'usage, et reçoit, d'après les dispositions, plus ou moins d'étendue; art. 628 du C. C. Si le titre ne s'explique pas sur l'étendue de ses droits, l'usager ne peut exiger des fruits du bien, qu'autant qu'il lui en faut pour ses besoins et ceux de sa famille. *Non usque ad compendium, sed ad usum scilicet, non usque ad abusum; l. plenum* 12, § 1. On a vu plus haut que ce même § dit encore *quoad victum sibi suisque sufficiat sumpturum.* Si, depuis la concession de l'usage, il lui survient des enfans, il pourra demander une augmentation après coup; art. 629, 630 du C. C.

Reste encore une difficulté; comment régler *ce qu'il faut pour les besoins?* Le susdit § la résout. On aura égard à l'état et condition de l'usager. *Aliquando modo enim largiùs cum usuario agendum est, pro dignitate ejus cui relictus est usus.* C'est ainsi qu'on en agit chaque fois que quelqu'un a à prétendre à une chose dont la quotité n'est pas fixée; voyez Dumoulin, conseil 27, et Mornac, sur la loi *etsi* 52, *D, de judiciis et ubi.* Si les parties ne peuvent pas s'accorder amicalement, la

justice en décide. *Usu legato, si plus usus sit lega-*
tarius quàm oportet, officio judicis, qui judicat
quemadmodùm utatur, id continetur ne aliter quàm
debet, utatur; l. divus adrianus 22*, § ult., D,*
de usu et habit.

N.º 5. Après avoir considéré l'état et la condition
du légataire, le nombre de sa famille, si le bien
ne produit que ce qui lui est nécessaire, s'il absorbe tout, tant pis pour le propriétaire auquel il
ne restera rien. La loi *fundi* 15, après avoir parlé
des provisions de bouche *ex penu*, propose le
foin pour exemple à l'égard des autres denrées.
Que ce soit par la mauvaise qualité du pré ou par
son peu d'étendue qu'il ne produise que ce qu'il
faut pour la provision de l'usager, celui-ci le prendra en totalité. *Fundi usu legato, licebit usuario*
et ex penu, quod in annum duntaxat sufficiat,
capere; licet mediocris prædii eo modo fructus
consummantur: quia et domo et servo ita uteretur,
ut nihil alii fructuum nomine superesset. Voyez ce
qui a été dit, art. 104, et art. 139, n. 4.

N.º 6. On sera étonné de ce que la loi s'occupe
d'un objet aussi minutieux, au premier aspect, que
les feuilles. Cependant, elles ont leur mérite. Elles
servent à nourrir les bestiaux pendant l'hiver, à
leur faire la litière, par conséquent du fumier. Que
l'usager habite dans le bien ou n'y habite pas, leur
exportation serait très-dommageable; il ne saurait
y avoir trop de pâture ni de fumier; car il est

très-peu de biens qui aient de l'excédant dans l'un ou dans l'autre. Il est de l'intérêt de l'usager que les animaux soient nourris et que les terres soient fumées.

Il est d'autres espèces de feuilles plus précieuses, celles des mûriers, pour les vers à soie, celles des plantes médicinales, celles des plantes bonnes pour les teintures. L'usager ne prendra de ces deux dernières espèces que pour le service de sa maison, à moins que le testateur ne sut qu'il était droguiste ou teinturier; alors il est censé lui avoir légué tout ce qui est nécessaire pour son commerce, par argument de ce qui sera dit ci-après de l'athlète coureur du cirque, et s'il ne peut pas exercer ce commerce sur les lieux, il est naturel qu'il les emporte ailleurs. Mais les feuilles de mûrier! Comment régler ce qu'il faut pour le service de sa maison? Tout ce qu'il peut prétendre à la plus grande rigueur, c'est de nourrir assez de vers à soie pour s'habiller lui et. sa famille. Mais tout le monde n'est pas habillé en soie, et personne n'est continuellement habillé de soie. On doit donc avoir égard à l'état de l'usager, et à l'étendue de sa famille; ce qui ne doit pas s'entendre de l'usage d'une plantation de mûriers laissé à un fabricant de soieries.

Quelques glossateurs prétendent qu'au lieu de *foliis* on doit lire *doliis*, la vaisselle vinaire.

ART. 144. N.º 1. La prévoyance de la loi passe
aux animaux, après s'être occupée des biens-fonds
et des bâtimens qui en font partie.

L'usage d'un troupeau de brebis ne sera pas bien
lucratif. Il est limité au fumier qu'elles font, pour
engraisser la terre. La laine et les agneaux sont
pour le maître du bien, auquel les Instituts *de usu
et habit.* abandonnent aussi le lait, *sed si pecorum
vel ovium usus legatus sit, neque lacte, neque
agnis, neque laná utetur usuarius, quià ea in fructu sunt. Planè ad stercorandum agrum suum pe-
coribus uti potest.* Voyez le § 4. La loi *plenum* 12,
§ *sed si pecoris* 2, répète le même principe, *ad
stercorandum usurum duntaxat... Sed neque laná,
neque lacte, neque agnis usurum ; hæc enim magis
in fructu esse.* Néanmoins, revenant sur le lait, elle
lui en accorde un peu en petite quantité. *Hoc
ampliùs, etiam modico lacte usurum puto.* La raison
qu'elle en donne est bien singulière, parce qu'on
doit interpréter favorablement les intentions des
morts. *Nequè enim tàm strictè interpretandæ sunt
voluntates defunctorum.* D'où plusieurs auteurs
concluent que si l'usage est conféré par une disposition de dernière volonté, l'usager participera
au lait, mais n'y participera pas si l'usage provient
d'un acte entre-vifs. Je ne sais pas si ce brocard
renouvellé par cette loi est capable d'autoriser une
pareille distinction.

Au surplus, la privation du lait de brebis est

une bien chétive perte. Qu'en faire? De mauvais fromages. Celui de chèvre a plus de qualité; mais l'usager n'en profitera pas d'avantage.

N.º 2. Les bœufs et les vaches étant d'une autre nature, il les emploiera à labourer le bien, pour les charrois dont il aura besoin, et tous les autres ouvrages pour lesquels la nature les a créés. *Sed etsi boum armenti usus relinquatur, omnem usum habebit, et ad arandum et ad cætera ad quæ boves apti sunt; l. plenum* 12, § *sed si boum* 3.

Il les emploiera tant pour lui, que pour sa femme, ses enfans, toute sa famille, même pour le compte d'un étranger, pourvu que ce soit en même temps qu'avec lui, non pour l'étranger seul, et séparément; car il ne peut pas les lui prêter, et le service qu'il leur ferait faire pour cet étranger, serait un véritable prêt, telle est la conséquence du § *si usus* 5 de ladite loi 12, qui parle à la vérité d'un esclave; mais comme il a été dit si souvent dans ce Traité, le sort de ces malheureux était assimilé par les lois romaines à celui des bêtes de somme. *Si usus ministerii alicui fuerit relictus, ad suum ministerium utetur, et liberorum, conjugisque; nec videbitur alii concessisse, si simul cum ipsis utatur.*

Il suit desdits paragraphes 3 et 5 de cette loi que l'usager se servira de ces animaux, non pas uniquement pour le travail du bien auquel ils sont

attachés, mais encore pour tout autre indépendant
dudit domaine. C'est ce qui résulte en outre du
§ 6 de la même loi qui lui permet d'envoyer les
esclaves à un bien qu'il a pris en ferme, de les
employer à filer, à teindre, à construire, s'il a
pris de la laine à préparer, des étoffes à teindre,
une maison, un vaisseau à faire à neuf ou à réparer ;
car qu'importe qu'il les emploie là ou là, dit la
loi, pourvu que ce soit pour son profit ? *Quid enim
interest in quam rem operá ejus utatur ?* Rousseau
de Lacombe, en sa jurisprudence civile, à la fin
du mot *usage* prétend, d'après ces lois, que s'il
a entrepris la construction d'un bâtiment, ou tout
autre ouvrage, à prix fait, il peut s'en servir pour
lesdits ouvrages, ayant soin cependant de les appliquer à celui qui est propre à leur sexe et à leur
talent, ne pouvant pas faire un maçon d'un cui-
sinier, comme il a été dit en traitant de l'usufruit.
Par comparaison l'usager pourra occuper les bestiaux à toutes les opérations dont il aura besoin.
On doit conclure de ce qui a été dit de l'usufruitier,
qu'il ne doit pas les surcharger de travail, ni les
exténuer.

Les lois *sed ipsi* 13, *servus* 20, *et si ita legatus* 16,
§ *servo* 2, *D*, *de usu et habit.*, décident que ce que
l'esclave gagne de lui-même appartient à l'usager ;
mais les animaux ne gagnent par eux-mêmes rien,
si on ne les conduit et ne les dirige pas.

La loi ne dit pas si les veaux qui naîtront appartiendront à l'usager; mais en raisonnant d'après le § 2 de ladite loi *plenum* 12, ils ne sont pas plus à lui que les agneaux; et en raisonnant encore d'après tout ce qui vient d'être dit, il y a lieu de croire que si le revenu du bien ne peut fournir que ce qui est nécessaire pour l'usager, il sera fondé à contraindre le propriétaire à les enlever aussitôt qu'ils commenceront à manger, car il n'est pas obligé de les nourrir sur le bien. Il y a lieu de croire également qu'il sera fondé à demander des dommages-intérêts pour les avoir soignés jusqu'à leur sevrage.

La loi ne parle pas non plus du lait de vache. Si l'usager peut en prendre modérément de celui des brebis, ne doit-il pas avoir le même droit sur celui de vache? N'en prendra-t-il pas pour boire? En prendra-t-il pour faire sa provision de beurre pour lequel il en faut une grande quantité? Cela doit dépendre du nombre des vaches et de l'abondance de leur lait. Mais si ledit usager est obligé de laisser nourrir les veaux, il ne restera guères de lait pour lui, surtout s'il fait travailler les vaches dont la fatigue épuise le lait.

N.º 3. Ladite loi passe ensuite aux chevaux. L'usager ne les emploiera pas aux courses du cirque, qui étaient communes chez les romains, parce que le profit qu'en retirait le coureur qui était payé pour amuser le peuple, équivalait au louage, et que l'usager ne peut pas louer son usage. Voyez les paragraphes *equitii* 4 de la loi *plenum* 12. Cependant, si le testateur n'ignorait pas que son légataire est un athlète de profession, il est censé consentir qu'il s'en serve pour cette destination. *Videtur etiam de hoc sensisse.* C'est de là que j'ai cru devoir partir pour avancer que lorsque le testateur a légué l'usage de quelque objet qui a trait à un art, ou à une profession, l'usager doit prendre au delà de sa provision personnelle, ou celle de sa famille.

Du reste, les règles qui ont été posées concernant les bœufs et les vaches sont communes aux chevaux. L'usager aura à son service les chevaux de selle, ceux de voiture et de labour, mais sans changer la destination à laquelle le testateur les avait accoutumés.

Les poulains ne doivent pas plus tourner à l'avantage de l'usager, que les veaux et les agneaux. Mais il ne paraît pas qu'il puisse forcer le propriétaire à les retirer avant qu'ils n'aient plus absolument besoin du secours de leur mère, parce que ledit propriétaire n'en retirerait aucun profit, à la différence des veaux et agneaux qu'on porte à la boucherie. D'un autre côté, l'usager n'est pas tenu de prendre soin de ce jeune animal pour le compte du propriétaire. Il est conforme à l'équité, même à l'intérêt de l'état qui désire et favorise la propagation des chevaux, qu'il le garde, mais à la charge d'une indemnité dont ils conviendront à l'amiable ou en justice, aussitôt après la naissance.

N.º 4. L'usager ne devant profiter ni des veaux, ni des poulains, ne sera pas tenté de faire conduire la vache au taureau, ni la jument à l'étalon, quand il s'apercevra que l'une et l'autre demandent le mâle. Doit-il néanmoins les y faire conduire? On peut, ce me semble, répondre qu'oui; parce qu'il doit, ainsi que l'usufruitier, jouir en bon père de famille, sauf à répéter la dépense faite pour cela, ou avertir le propriétaire, qui les y fera conduire si bon lui semble. Le père de famille ne manque pas de saisir ces occasions. Cependant, à moins d'affectation marquée dans sa négligence, il ne serait pas juste qu'il fût condamné à des dommages-intérêts. Il serait à souhaiter que pour éviter toute discussion, la loi romaine eût accordé audit usager, tout le profit des animaux, et encore plus à souhaiter que le C. C. eût porté quelque disposition sur un cas qui doit arriver chaque fois que l'usage des animaux a été conféré.

Art. 145. N.º 1. On a vu que l'usager avait droit de prendre son chauffage dans le bien qui lui a été donné; mais s'il a l'usage d'une forêt nommément, il ne se contentera pas de la provision de son ménage, il vendra du bois, ayant alors le même droit que l'usufruitier, et procédera aux coupes dans le même ordre que lui. Aucune différence n'existe donc entre l'usufruitier et l'usager, à cet égard, pas plus qu'à l'égard de l'argent comptant et des denrées. *Divus adrianus, cùm quibusdam usús sylvæ legatus esset, statuit fructum quoque eis legatum videri; quià nisi liceret legatariis cædere Sylvam et vendere, quemadmodùm fructuariis licet; nihil habituri essent ex eo legato; l. divus adria-nus 22, D, de usu et habit.* Cette loi contient une exception à la règle qui prohibe à l'usager la vente du produit de l'usage. Elle en donne la raison, qu'il ne retirerait aucun avantage de l'usage, s'il n'était pas libre de vendre des arbres. Mais il ne doit pas excéder la quantité, ni les époques de ces coupes. Il doit s'y conformer pour le moins autant que l'usufruitier, sans quoi il serait sujet aux mêmes peines; et le juge le restreindrait, suivant le paragraphe final de ladite loi, *divus usu legato, si plus sit usus legatarius quàm oportet, officio judicis, qui judicat, quemadmodùm utatur id continetur, ne aliter quàm debet, utatur.*

N.º 2. Quànd l'usage provient d'un testament, ou autre acte volontaire, les parties en fixent ordinairement l'étendue; mais il existe des droits d'usage en faveur des communautés, ou des familles, fondés sur des titres anciens. Cet usage diffère de celui dont il a été question, en ce qu'il a été perpétuel, et ne finit pas à la vie de l'usager. Aussi, est-il sujet à des règles différentes.

N.º 3. En ce qui concerne les familles particulières, leur droit de retirer du bois, soit pour leur provision, soit pour bâtir, quoiqu'à la rigueur, il s'étende sur toute la forêt, doit cependant être

limité à un coin de ladite forêt, avec défense de
l'étendre ailleurs, afin que le surplus demeure libre
au propriétaire, et afin d'éviter la difformité de la
forêt, dit Papon, en ses arrêts, liv. 14, tit. 3,
art. 1, qui rapporte un arrêt du parlement de
Paris, du 5 mars 1531. — Despeisses, de l'usage,
n. 5, parle d'un autre arrêt du parlement de Dijon,
du 21 mars 1561, qu'on trouve, dit-il, dans Bouvot,
tom. 1, part. 2, quest. 1. Enfin Mornac, sur la
loi 12, *D, de usu et habit.*, parle de trois arrêts
qu'il dit se trouver dans différens auteurs. Je n'ai
pas vérifié si les deux ci-dessus font partie des
trois. Mornac appelle ce retranchement, *triager
les usages et les usagers.*

Le même Mornac ajoute tenir du lieutenant-général
de la table souveraine de marbre des eaux et forêts,
qu'il avait été réglé une distinction entre l'usager
qui habitait en personne ou par sa famille, la maison à laquelle l'usage est dû, et celui qui ne l'habitait pas. Au premier cas, la provision entière de
la maison doit lui être délivrée; mais si ladite maison n'est occupée que par ses gens ou par ses
colons, il ne lui en sera accordé que le tiers ou
le quart, suivant le besoin. Il y a apparence, que
dans cette espèce aucun titre ne déterminait la
quantité nécessaire pour la provision.

Il ajoute encore, comme en passant, qu'on observe en plusieurs endroits où le bois est rare,
que les paysans n'emportent que du menu bois

sec qui brûle plus promptement et donne moins de fumée que le bois verd. Ces gens ne sont guères dans l'habitude de conserver du feu toute la journée ; ils n'ont pas grand besoin de gros bois.

Enfin, que ceux qui ayant droit de prendre le bois mort, ont, pour accélérer la mortalité, la méchanceté de faire périr les arbres en les écorçant ou en les trouant de part en part avec une tarière ou autre instrument, doivent être privés de la concession qui leur a été faite, ou au moins qu'on doit la transporter sur un endroit où ils ne puissent pas commettre le même dégat ? Mais où trouver cet endroit privilégié qui n'y soit pas sujet? On verra ci-après un arrêt qui a du rapport à ceci.

Cette espèce d'usager n'a pas, comme l'usager momentané, la faculté de vendre du bois, ne pouvant en enlever que pour sa provision.

N.º 4. Les communes doivent être, aussi bien que les particuliers, restreintes à une certaine étendue de la forêt, ce qu'on appelle cantonner; mais leur besoin étant plus considérable, on doit prolonger cette étendue. Un arrêt du parlement de Paris, du 12 février 1543, rapporté par Papon, liv. 14, tit. 3, art. 2, accorda le tiers. Les différentes autorités citées par Rousseau de Lacombe, en sa jurisprudence civile, *V.ᵇᵒ usage*, n. 4, leur en donnent la même quantité; mais il est impossible d'établir à ce sujet quelque règle positive.

Tout dépend du nombre des habitans et de la grandeur de la forêt. On trouvera plusieurs arrêts rendus en faveur dudit cantonnement dans le répertoire de jurisprudence, *V.*^{bo} *usage*, sect. 6.

Le même Lacombe entre dans un certain détail sur un arrêt du 25 janvier 1731, rendu par le tribunal souverain des eaux et forêts de Paris, qui a jugé 1.º que le juge des lieux marquerait, tous les ans, un canton à chaque communauté d'habitans usagers, pour l'exercice de leurs droits; 2.º que lesdits habitans ne toucheraient pas aux bois nécessaires pour la construction de leurs bâtimens, charrettes, outils aratoires, etc. Avant d'avoir présenté requête à ce juge qui se transporterait dans lesdits bâtimens, aux fins de constater jusqu'où va leur besoin; 3.º que ceux qui, par leur titre, sont autorisés à prendre bois mort et mort-bois, ne prendront comme mort-bois que les neuf espèces désignées par le tit. 23, art. 5, de l'ordonnance des eaux et forêts, et ne prendront ni l'un ni l'autre, avant qu'ils aient été marqués par le juge. Il parle encore d'un second arrêt conforme, du 6 juillet 1737; mais il paraît qu'ils étaient fondés sur des titres particuliers.

Un autre plus récent de la cour de cassation, a jugé, le 3 septembre 1808, que les communes et les particuliers qui ont droit d'usage dans les forêts nationales, doivent, avant d'y couper du bois, demander la permission aux administrations forestières, sous peine des punitions portées par les art. 3, 4, 5 et 9, du tit. 32, de l'ordonnance de 1669; en cas de refus, ils peuvent recourir à l'autorité supérieure. Vu les ordonnances de 1529, 1540 et 1544; l'art. 2 de celle de 1583; les art. 3 du tit. 19, et 3 du titre 26 de celle de 1669; enfin le règlement du premier mars 1757, la cour décide... que les usagers ne peuvent, d'après les lois précitées, quel que soit le titre constitutif de leurs droits, couper arbitrairement des bois dans les forêts soumises à leur usage, mais qu'ils doivent préalablement solliciter et obtenir la permission de l'administration forestière à qui il appartient de leur désigner et délivrer les bois, après avoir rempli les formalités prescrites par la loi, et avoir fait procéder au martelage pour ce qui est en coupe réglée... Que le refus de l'administration peut, dans certains cas, être justifiée, et est même prescrit par l'art. 5, tit. 19, et le tit. 20 de ladite ordonnance de 1669; que si on croit devoir la faire refermer, il faut s'adresser à l'autorité supérieure.

N.º 5 Les communes devant, aussi bien que les particuliers, user en bon père de famille, ne peuvent pas vendre de bois, et si elles en mésusent, on est fondé à leur interdire provisoirement, pendant la durée du procès, leur usage. Papon, en ses arrêts, liv. 14, n. 8, rapporte un premier arrêt, du 12 janvier 1528, et un second, du premier août 1553, qui ont prononcé de semblables punitions.

Il prétend que cette interdiction peut être appliquée soit au possessoire, soit au pétitoire. Lesdites communautés peuvent même être privées totalement de leur droit, après avoir été averties par le propriétaire, si, malgré l'avertissement, elles continuent, ainsi qu'il a été décidé par autre arrêt que rapporte le même Papon, art. 3, ledit arrêt en date du 3 juin 1530.

N.º 6. On entend par bois mort, celui qui, dépourvu de sève, ne germe plus, est sec; par mort-bois, celui qui, quoique verd sur pied, ne produit pas de fruit.

Les neuf espèces de mort-bois portées par l'article susdit, sont saulx, morsaulx, épines, puisnes, seur, aulnes, genêts, genevriers et ronces. Ce sont, porte l'article, celles qui sont contenues en l'art. 9 de la charte normande du Roi Louis X, de l'année 1315. Le mort-bois se réduit donc à bien peu de choses. Plusieurs des termes exprimés dans l'article, peuvent être connus en Normandie, mais ils ne le sont pas ailleurs. Le saulx et morsaulx sont vraisemblablement les saules. Qu'entend-on par puisnes et seur? On n'en trouve la définition ni la description dans aucun livre de physique ni d'agriculture. Ainsi, jusqu'à ce qu'un dictionnaire normand, ou une loi plus claire l'aient appris, il est permis de l'ignorer dans le reste de la France. Il y a apparence que le seur est le sureau. A l'aulne près, qui parvient à une hauteur aussi considérable que

les arbres forestiers, le surplus du mort-bois ne
consiste qu'en quelques chétifs arbustes et brous-
sailles. Puisque l'aulne est rejetté dans la triste
classe du mort-bois; le tremble devrait bien plus
l'être, car il n'est propre presque à rien, tandis
que l'aulne fournit de bonnes planches pour les
couvertures en ardoises des bâtimens, même des genres de roues de charrettes. Cependant des arrêts du
conseil d'état l'ont élevé au rang des forestiers, ainsi
que le charme. Pour celui-ci, il est étonnant qu'on
ait essayé de le comprendre dans le mort-bois.
Ces deux espèces d'arbres, le tremble et le charme, ainsi que le bouleau, l'érable, et autres non
fructifères, s'appellent, en termes forestiers, *blancs
bois*. Ils ne diffèrent en rien, quant au service de
l'usager, des autres arbres de haute futaie.

N.º 7. Le titre réglant le mode et la qualité de
l'usage, prévaudra toujours malgré toute prescription contraire. Papon, en ses arrêts, *loc. cit.*, art. 10,
rapporte un arrêt du parlement de Paris, du 23
mars 1561, qui n'eut aucun égard à la possession
de tout temps, de prendre du bois à discrétion,
et condamna les habitans usagers à se conformer
aux reconnaissances et titres.

La prescription ne tiendra jamais lieu de titre,
quoique fondée sur la possession immémoriale. Les
habitans d'un village de la Bourgogne étaient en
possession immémoriable d'emporter des branches
d'arbres d'une forêt, pour parer les rues de leur

endroit, le jour de la Fête-Dieu. La dame Rohan, propriétaire de la forêt, s'y opposa et gagna son procès au parlement de Dijon, le 14 août 1555. Voyez Papon, art. 7.

Dunod, des prescriptions, p. 84, dit « Les héritages de nos montagnes s'épuisent facilement ; il faut les laisser sans culture pendant quelques années, pour les rétablir. Le bois y croît pendant ce temps, et il y a plusieurs communautés dans lesquelles on pratique, qu'il est permis à chacun de couper le bois qui croît sur l'héritage que le propriétaire laisse sans culture. C'est parce qu'il est censé abandonner ce bois, et qu'on ne lui fait point de préjudice en le coupant ; au contraire, on lui donne de la facilité pour cultiver son héritage, quand il voudra le faire. »

« Mais s'il veut le tenir en nature de bois, et profiter lui-même de celui qui y croîtra, l'on n'est pas en droit d'y couper malgré lui, nonobstant l'usage du lieu et la possession, qui ne sont regardées en ce cas, que comme une faculté qui ne forme pas un droit : *fas est, jus non est.* La chambre souveraine des eaux et forêts du parlement de Besançon, l'a ainsi jugé au rapport de M. Coquelin père, le 23 mars 1724, en faveur de madame de Vaudaon, contre les nommés Nicolet ; et au rapport de M. Vaudry-de-Saisenai, le 28 juillet 1725, pour la même dame contre le sieur avocat Dumond et le magistrat de Pontarlier qui était intervenu, et qui alléguait que d'un temps immémorial, les habitans de Pontarlier coupaient à leur gré le bois qui croissait sur les héritages les uns des autres, et que c'était l'usage du lieu. L'on ne prit aucun égard à cette allégation, qui parut *irrélévante* dans le cas d'une pure faculté. »

On peut dire que depuis la publication du C. C., cette possession immémoriale servira encore moins qu'auparavant de prétexte et d'appui aux habitans des communes, car l'usage n'étant, ainsi que l'usu-fruit, qu'une servitude, et l'usage de couper du bois, étant une servitude discontinue, est impres-criptible; art. 691 du C. C.

Le même Papon dit, art. 4, « qu'Imbert a vu des arrêts qui ont déclaré non prescriptible l'usage de prendre du bois en forme indiscrète et à vo-lonté »; quoiqu'il remontât à un temps immémorial.

N.º 8. Lorsque la forêt sur laquelle l'usage est assis, est totalement coupée, le propriétaire n'est pas obligé de récompenser les usagers, ni de trans-porter leur droit ailleurs. Le même Papon, art. 1, § 2, parle d'un arrêt ancien, rendu en l'an 1261, qu'on trouve sur les registres du parlement. Cet arrêt, tout ancien qu'il est, doit être suivi, parce qu'il est conforme à la justice; à moins de titre contraire.

Et dans le cas où lesdits usagers auraient un droit bien établi sur les nouvelles plantations qui remplacent les autres, un autre arrêt de l'année suivante 1262, leur défend d'y aller avant la cinquième feuille.

N.º 9. Cet auteur prétend de plus, art. 10, et 4, que lorsque le propriétaire, ou celui qui est par lui préposé, tardent, après avoir été sommés, de venir marquer le bois dont l'usager a besoin, ledit usager peut, sans autre façon ni plus ample formalité, aller le couper. « Ès quels habitans et usagers est permis, au cas que ledit forestier veuille délayer indûment de satisfaire... après l'avoir opportunément, et de temps et de lieu, sommé de ce faire, de prendre, couper et amener de leur autorité dudit jour, sans infraction et fraude. » C'est ce que lui accordent ledit arrêt de 1565, et d'autres qu'il dit être rapportés par un autre ancien auteur, Imbert.

N.º 10. L'article 636 du C. C. fait espérer qu'il surviendra de nouvelles lois sur les bois et forêts. En attendant, il faut suivre l'ordonnance de 1669.

N.º 11. La plupart des auteurs qui ont exposé les droits des communes usagères sur les forêts, ne mettent lesdites communes aux prises qu'avec les seigneurs. Les seigneuries sont détruites, mais les ci-devant seigneurs ne sont pas moins propriétaires des bois, sinon comme seigneurs, du moins comme particuliers. Les droits respectifs de toutes parties n'ont donc subi aucune altération, en ce qui ne touche pas la féodalité.

N.º 12. L'usage des droits de pâcage, pâturage, glandée, dans les forêts, se règle également d'après les titres et l'ordonnance de 1669.

N.º 13. Au sujet de la coupe de bois et du droit de vaine pâture dans les forêts communales, je crois devoir ajouter quelques principes.

Une loi du 28 août 1792 autorise les communes à reprendre les terres dont elles ont été dépouillées par la puissance féodale, ce qui a été interprété de manière qu'il leur est permis de se faire restituer les terres dont les seigneurs par abus de leur puissance, leur avaient enlevé la possession, mais non de dépouiller les seigneurs qui avaient eux-mêmes un droit de propriété aux objets communaux.

L'article premier du titre 19 de l'ordonnance des eaux et forêts, de 1669, défend aux communes en gros et aux habitans en particulier de mener paître les bestiaux dans les forêts nationales qui n'auront pas été déclarées *défensables* par les officiers des eaux et forêts, et même pour celles déclarées *défensables*. Les articles suivans imposent certaines formalités à remplir préalablement. D'après ces principes la cour de cassation a par son jugement du 26 floréal an 13, cassé un arrêt de la cour criminelle du Mont-Blanc, qui n'avait pas jugé conformément à ces lois des habitáns du lieu de Lachapelle, lesquels avaient mené pâcager leurs bestiaux dans une forêt nationale, quoiqu'il ne fût pas contesté que tous les habitans de la commune avaient un droit de pâcage dans cette forêt.

La même cour a encore jûgé le 14 fructidor an 9 (1801), que malgré la loi du 6 octobre 1791, concernant la police rurale qui, par la section 4 permet à chacun de clore ses héritages, un particulier n'avait pu clore deux prairies au préjudice du droit de parcours déclaré acquis à une commune, par des jugemens antérieurs à ladite loi, cette loi excepte le droit établi par titre.

La même cour a encore jugé que le droit de parcours ne pouvait être exercé que suivant l'usage local de la commune, même que le propriétaire du fonds n'avait pas le droit d'en agir autrement dans son propre bien.

Au surplus la loi ne parle que du droit de parcours, ou du droit simple de vaine pâture, non du droit de pâturage, qui est une vraie servitude, et peut empêcher le propriétaire sur qui elle est établie de clore son héritage ; c'est une distinction qu'a faite cette cour dans le prononcé d'un jugement rendu le 27 brumaire an 12 (1803).

Les cantonnemens tant entre particuliers qu'entre communautés, avaient été maintenus par le décret du 17 septembre 1790, et l'art. 8 du code rural ci-dessus cité. Une autre loi du 28 août 1792, porte que tous les cantonnemens, même ceux confirmés par édits, déclarations, lettres patentes, et jugemens, et tous autres quelconques pourront être revisés, cassés, et réformés par les tribunaux, mais elle n'accorde que cinq ans aux communes pour se pourvoir.

Qu'entend-on par biens communaux? Ce sont, d'après l'art. 542 du C. C., ceux à la propriété ou au produit desquels les habitans d'une ou plusieurs communes ont un droit acquis.

A l'égard du droit de prendre du bois dans une forêt que peuvent avoir les habitans d'une commune, voyez Bouhier sur la coutume de Bourgogne, chap. 62; Lacombe, en sa jurisprudence civile, *V.*^{bo} *usage*; Coquille, coutume du Nivernois, titre des bois et forêts, art. 14; Legrand, coutume de Troies, art. 168, glose 2, n. 20; et l'ordonnance des eaux et forêts de 1669; enfin le Répertoire de jurisprudence, notamment au mot *usage*, et Henrys, liv. 4, quest. 81.

Tous les animaux, dit Fournel dans son traité du voisinage, tome 2, page 387, ne participent pas au bénéfice du pâturage commun. Les porcs sont exclus des prés, bois, vignes, et autres héritages. Les chèvres le sont de toute espèce d'héritages. Voyez dans l'auteur même la dissertation dans laquelle il entre à ce sujet. Il prétend que certaines coutumes permettent de tuer le meilleur cochon du troupeau trouvé dans le terrein sujet au parcours commun.

On ne prescrit pas, même par la possession immémoriale, le droit de mener paître des bestiaux dans le fonds d'autrui, suivant Despeisses, des contrats, part. 2, tit. 4, sect. 2, n. 13. Encore moins le prescrira-t-on actuellement que la loi ne reconnaît plus de servitude discontinue sans titre, ni de possession immémoriale.

N.° 14. Un avis du conseil d'état, du 25 mars 1807, porte que si, aux termes de la loi du 28 août 1792, les tribunaux seuls peuvent interpréter les titres des prétendans au droit d'usage dans les forêts, il appartient à l'administration de surveiller l'exercice de ce droit, pour l'intérêt de la conservation des forêts, qui est un objet d'utilité publique. Ainsi quand il s'agit de décider qui a, ou n'a pas, droit d'usage, de juger les questions de propriété et dudit usage entre particuliers, de statuer sur les titres, c'est aux tribunaux à prononcer. Mais quand le droit a été une fois reconnu, c'est à l'administration qu'il appartient d'en régler l'exercice *au profit de ceux à qui ce droit est reconnu*, suivant les expressions dudit avis.

Art. 146. N.° 1. Ce qui a été dit, art. 142, regarde plus particulièrement les maisons de campagne que les maisons de ville. D'autres règles sont communes aux unes et aux autres. Le législateur a posé des lois pour le mari, des lois pour la femme, mais qui, au fond, reviennent au même. L'usage a été laissé, disent-elles, ou au mari ou à la femme. *Domûs usus relictus est, aut marito, aut mulieri, l. cui usus, D, 2, § domus, D, de usu et habit.* La plupart de ces lois sont applicables à l'un et à l'autre.

N.º 2. Si c'est au mari, il y habitera avec sa femme, ses enfans, ses domestiques et tout son train ; *cum uxore, liberisque suis, itèm liberis, nec non personis aliis liberis quibus non minùs quàm servis utitur, habitandi jus habeat ; instit. de usu et habit.* § 2. — *Si marito, potest illic habitare non solus, verùm cum familiâ quoque suâ. An et cum libertis fuit quæstionis, et Celsus scripsit et cum libertis posse ; dictâ l. cui usus 2, § domus.*

Il pourra même y recevoir un ami. Les Instituts ne lui accordent cet avantage qu'avec peine, *vix receptum esse videtur ut hospitem ei recipere liceat ;* mais ladite loi *cui usus* le regarde comme aussi naturel que celui d'y avoir ses propres domestiques, *et cum libertis posse hospitem quoque recipere.*

Pourra-t-il y placer un locataire ? Oui, pourvu qu'il y habite lui-même. *Et ait Labeo eum qui ipse habitat, inquilinum posse recipere ; idem et hospitem et libertos suos ;* celui-là, dit la loi 4, *eod. tit.,* ne peut pas être proprement appelé locataire qui habite dans la maison avec l'usager. *Proculus autem de inquilino notat, non bellè inquilinum dici qui cum eo habitat.* On ne doit pas trouver mauvais que celui qui a une maison plus vaste qu'il ne faut pour lui, qui, étant peu fortuné, ou qui n'ayant pas besoin de paraître logé avec éclat, se renferme dans une petite portion, tire parti de ce qui excède son logement. *Et secundùm hæc etsi pensionem percipiat, dùm ipse quoque inhabitat, non erit ei invidendum. Quid enim si tàm spatiosæ domús usus sit relictus homini mediocri, ut portiunculâ contentus sit? Leg. cœterùm* 4, *D, de usu et habit.*

Il y recevra aussi tous les ouvriers nécessaires pour son service, quand même ils ne seraient pas ses domestiques habituels. *Sed et cum his quos, loco servorum, in operis habet, habitabit, licèt liberi sint, vel servi alieni;* la loi 3 ajoute les cliens au nombre de ceux qui peuvent demeurer avec l'usager, *et clientes.* Nous ne connaissons en France, ni les cliens, ni les patrons si communs chez les romains, *l. et clientes, eòd. tit.*

Mais la condition essentielle, indispensable, *sine quâ non,* est que l'usager habite lui-même la maison, pour y recevoir tous ces gens-là qui ne sont pas de sa famille. *Cæterùm sine eo, ne hos quidem habitare posse. L. cœterùm* 4. On vient de voir que la loi 2 dit, *qui ipse habitat.* Au moyen de cette habitation personnelle, il y recevra qui il voudra, en payant ou non. Voyez n. 7.

N.º 3. La femme à qui l'usage a été laissé jouira du même privilège que son mari. Elle y demeurera avec lui, *et convenienter si ad mulierem usus ædium pertineat, cum marito ei habitare licet; Inst.*

de usu et habit. § 2. — *Mulieri autem si usus relictus sit, posse eam et cum marito habitare Quintus Mutius admisit; l. cæterùm 4, § mulieri 1, D, de usu et habit.* Ce qui a pu faire naître de la difficulté, c'est que la femme doit habiter chez son mari, non le mari chez la femme, et si le mari ne pouvait pas cohabiter avec elle, l'usage serait très-inutile. Mais la loi a permis à la femme d'attirer son mari, *ne ei matrimonio carendum foret, cùm uti vult domo.* Elle l'y attirera malgré la prohibition que lui ferait le testateur d'y demeurer avec son mari; par argument de la loi *sed neque* 8, § 1, *D, eod.*, qui annulle la condition du divorce avec son mari, sous laquelle on lui aurait légué l'usage. Elle ne divorcera pas, cependant le mari viendra rester avec elle. *Sed si usus ædium mulieri legatus sit, eâ conditione, si à viro divertisset, remittendam ei conditionem, et cum viro habitaturam; quod Pomponius libro quinto probat.* Les conditions injustes insérées dans les legs, sont regardées comme non avenues. Par la même raison, on n'aura aucun égard à la clause par laquelle le testateur défendrait à la femme de loger avec son mari, parce que cette séparation pourrait nuire à la sérénité du mariage. Néanmoins, il y a lieu de croire que s'il était ajouté que, dans le cas où la femme habiterait avec son mari, le legs d'usage serait regardé comme non avenu, ledit legs serait réellement annullé en totalité, et la femme privée de son usage, en cas de cohabitation avec son époux.

Elle y logera, non-seulement avec son mari, mais encore avec ses enfans, ses parens, ses domestiques, et tous ceux qu'on a vu que le mari pouvait y loger. *Non solùm autem cum marito, sed et cum liberis libertisque habitare, et cum parentibus poterit, ut Aristo notat apud sabinum, et hoc usquè erit procedendum ut eosdem quos masculi reciperent, et mulieres possint; l. non solùm 6, D, eod.* Si la maison est trop considérable pour elle, elle en donnera une partie à loyer, aussi bien que le mari.

Il en sera de tous les autres objets comme de la maison; la femme communiquera à son mari la jouissance de tous ceux qui lui auront été accordés à titre d'usage. *Cœterarum quoque rerum usu legato, dicendum est uxorem cum viro in promiscuo usu eas res habere posse; l. cœterarum 9, D, eod.*

La veuve usagère qui convole y conduira son second mari, car le convol ne lui fait pas perdre son usage, et non-seulement son mari, mais encore son beau-père. *Quid ergo si viduæ legatus sit, an, nuptiis contractis post usum constitutum, mulier habitare cum marito possit? et verum est ut Pomponius... probat, posse eam cum viro et posteà nubentem habitare. Hoc ampliùs Pomponius ait, et cum socero habitaturam; l. cœterùm 4, § ult. D, de usu et habit.*

N.º 4. De son côté, le beau-père usager recevra avec lui la femme que son fils épousera; car la belle-fille devient membre de la famille dans laquelle elle entre. *Imò et socer cum nuru habitabit, hoc utiquè cum viro juncta sit; l. imo 5, D, eod.*

N.º 5. Le convol ne privant pas le convolant de la liberté de faire venir dans son domicile la personne avec laquelle il convole, celui qui se marie pour la première fois pourra, à plus forte raison, y faire venir son premier époux. C'est une conséquence naturelle des lois précédentes, confirmée par l'article 632 du C. C. qui ne parle, à la vérité, que de celui qui a le droit d'habitation; mais ce droit d'habitation n'étant pas aussi considérable que celui d'usage, l'usager doit avoir, à plus juste titre, la même faculté.

N.º 6. Toute femme, veuve ou non, en donnant un logement à un homme de sa connaissance, ne doit le donner qu'à celui avec qui elle mènera une conduite régulière et irréprochable; elle doit éviter tous les mauvais propos, et le scandale dans le voisinage. *Non aliter autem mulier hospitem recipere potest, quàm si is sit qui honestè cum eâ quæ usum habet, habitaturus sit. L. non aliter 7, D, eod.* On doit conclure de cette loi, que l'homme, quoiqu'il ne soit pas astreint à des dehors aussi scrupuleux que la femme, ne doit pas non plus habiter avec des femmes de mauvaise vie. On doit aussi, ce me semble, en conclure qu'en cas de contravention à la loi, l'usager sera expulsé de la maison. Car à quel propos la défense de la loi, s'il n'en résultait aucune punition ! Mais comment prouver la conduite dans l'intérieur de la maison ?

N.º 7. Au reste, tous ces personnages, quels qu'ils soient, seront obligés d'habiter eux-mêmes la maison s'ils veulent y placer un étranger, ou en louer une partie. La loi 8 confirme celles qui ont été rapportées plus haut. *Sed neque locabunt seorsùm, neque concedent habitationem sine se.* Voyez ci-devant la fin du n. 2.

N.º 8. Dans le cas où lesdits usagers n'occuperaient pas toute la maison, ni ne loueraient pas le surplus, le propriétaire ne pourra pas en tirer un prétexte pour réclamer les appartemens vacans, parce qu'il peut venir un temps où l'usager voudra habiter le tout. Comme le propriétaire, dit la loi, peut vouloir dans un temps prendre toute sa maison pour lui, n'en prendre qu'une partie dans un autre temps, suivant ses besoins; l'usager est dans le même cas. *Licèt tàm angustus est legatarius cui domûs usus legatus est, ut non possit occupare totius domûs usum, tamen eis quæ vacabunt proprietarius non utetur; quia licebit usuario aliis et aliis temporibus, totá domo uti; cùm interdùm domini quoque ædium, prout temporis conditio exigit, quibusdam utantur, quibusdam non utantur; l. divus adrianus 22, § licèt 1, D, de usu et habit.*

L'usager de la maison a plus de privilège que l'usager du bien-fonds, puisqu'il garde au delà de son nécessaire.

ART. 147. N.º 1. L'usage, tant des biens-fonds que des bâtimens est purement personnel, inhérent à la personne, et ne peut être transmis à un tiers, à quelque titre que ce soit. *Nec alii jus quod habet, aut vendere, aut gratis concedere potest. Inst. de usu et habit. § minus 10. — Item is ad quem servi usus pertinet, ipse tantùm operâ et ministerio ejus uti potest; ad alium verò nullo modo jus suum transferre ei concessum est; idem sic juris est in jumento, Inst. § item is 3.* Les Instituts ne font mention que des esclaves et des bêtes de somme. On doit en tirer la conséquence à toute autre chose; comme le dit la loi *inque eo* 11, *D, de usu et habit.; nec ulli alii jus quod habet, aut vendere aut locare, aut gratis concedere potest.* La loi *sed neque* 8, *D, eod.,* porte *nec vendent usum.* La loi *usus aquæ* 21, *D, eod.,* ne veut pas que l'usage de l'eau accordé à une personne passe à son héritier, et la loi penultième *de serv. legat.,* ne veut pas non plus que l'usage d'un droit de passage laissé par le père à sa fille, passe aux héritiers de la fille. Enfin l'article 631 du C. C. s'exprime ainsi, « l'usager ne peut ni céder ni louer son droit à un tiers. »

Voilà une distinction notable entre l'usufruit et l'usage. L'usufruitier vendra, louera, donnera tant qu'il jugera à propos son usufruit. Je l'ai démontré en traitant de l'usufruit; mais l'usager est obligé de tout garder pour lui. Il peut seulement en faire part aux autres, quand il en jouira lui-même.

N.° 2. Il existe cependant un cas où la transmission a lieu de droit même en l'absence de l'usager. Autrefois le père de famille, et le maître de l'esclave jouissaient de tout ce qui appartenait au fils de famille et à l'esclave. En conséquence la loi *filio-familiás* 17, *D; de usu et hab.*, décide que l'usage donné au fils et à l'esclave est joui par le père et le maître, même en leur absence. *Itaque non minùs absente quàm præsente filio servove, pater dominus-ve in his ædibus habitabit.* La puissance paternelle n'existe plus; mais l'article 384 du C. C. en contient une image en faveur du père, même une extension en faveur de la mère. Il leur accorde à l'un et à l'autre l'usufruit légal du bien de leurs enfans, jusqu'à l'accomplisssement de leur dix-huitième année. L'usage est compris dans l'usufruit, puisque le moins est compris dans le plus. Il me semble donc que les ascendans habiteront la maison dont l'usage est donné à leurs enfans, quoique ces jeûnes gens soient dans des maisons d'éducation, absens pour leurs études, ou toute autre cause.

Art. 148. N.° 1. L'usager a, à l'instar de l'usufruitier l'action en complainte et réintégrande, quand il est troublé dans son usage. Despeisses, de l'usage, n. 11. Papon, en ses arrêts, liv. 14, n. 7, parle d'un procès où les usagers avaient intenté cette action; il ne paraît pas qu'on ait soulevé la moindre difficulté à cet égard, puisqu'on plaida sur le droit en lui-même; on en aurait soulevé à tort, puisque la loi *quod est* 3, § *item* 16, *D, de vi et vi armatá* le décide positivement. *Item si non ususfructus sed usus sit relictus, competit hoc interdictum. Ex quácunque enim causá constitutus est ususfructus vel usus, hoc interdictum locum habebit.*

N.º 2. Il a les mêmes actions en dommages-intérêts que l'usufruitier, quand on lui a fait quelque tort. *Eadem et in usuario dicenda sunt; l. si cujus rei* 13, § 2, *D, de usufr. et quemadm. quis.*

Art. 149. Furgole, des testamens, tome 3, ch. 9, n. 50, soutient qu'il n'y a pas lieu d'admettre l'accroissement dans l'usage, après le partage des portions de chacun, sous prétexte qu'aucune loi ne l'établit nommément en faveur de l'usage. Une autre raison, meilleure suivant moi, est que l'usager ne devant obtenir que ce qui lui est nécessaire, ce nécessaire une fois fixé, il aurait au delà dudit nécessaire, s'il réunissait les portions des autres usagers.

§ III.

Des devoirs et droits du Propriétaire.

En usage, comme en usufruit, si l'usager a des droits et des devoirs à exercer, le propriétaire en a également.

Art. 150. N.º 1. Il ne doit pas porter obstacle

à ce que l'usager jouisse en bon père de famille. *Ità nec hæres quidquam facere dèbet, quominùs is cui usus legatus est, utatur ut bonus familias uti debet; l. fundi usu 15, § un., D, de usu et habit.* Il doit donc le laisser jouir paisiblement et sans trouble.

N.º 2. Il ne peut changer la forme de la chose sujette à l'usage, pas même en l'améliorant. *Neratius ait: usuariæ rei speciem is cujus proprietas est, nullo modo commutare potest. Paulus, deteriorem enim causam usuarii facere non potest. Facit autem deteriorem, etiam in meliorem statum commutatá; l. Neratius ult., D, de usu et habit.*

N.º 3. Le propriétaire n'ayant pas moins d'intérêt à conserver son bien, vis-à-vis l'usager que vis-à-vis l'usufruitier, il lui sera loisible d'avoir un garde forêt ou garde champêtre, pour le bien-fonds, et un gardien pour la maison, et ce, de quelque manière que l'usage ait été constitué. *Dominus proprietatis, etiam invito usufructuario vel usuario, fundum vel ædes per saltuarium, vel insularium, custodire poterit. Interest enim ejus fines prædii tueri. Eaque omnia dicenda sunt, quolibet modo constitutus ususfructus vel usus fuerit; l. si ità legatus 16, § dominus 1, D, de usu et habit.* L'arrêt susdit du 23 mars 1561, rapporté par Papon, liv. 14, tit. 3, art. 10, permet au propriétaire d'avoir un forestier ordinaire qui résidera sur les lieux. Voyez ce que j'ai dit sur ces gardiens, en parlant de l'usufruit.

TROISIÈME DIVISION.

De l'extinction de l'Usage.

ART. 151. Comme l'usage s'établit par les mêmes voies que l'usufruit, il s'éteint aussi par les mêmes voies. *Iisdèmque illis modis finitur quibus et usus-fructus desinit ; Inst. de usu et habit.* — *Quibus autem modis ususfructus et constituitur et finitur, iisdem modis etiam nudus usus solet et constitui et finiri ; leg. omnium 3, § quibus, D, de usuf. et quemadm. quis.* Donc il prend fin par l'abus qu'en fait l'usager, par sa mort naturelle, par la perte de la chose, etc., etc. Voyez ce qui a été dit de l'usufruit, qu'il serait superflu de répéter. Voyez aussi l'article 625 du C. C.

On peut néanmoins dire qu'il n'est pas précisément éteint par la mort civile ; la loi *legatum* 10, *D, de cap. minut.* le dit positivement ; mais, comme par l'art. 25 du C. C., celui qui est mort civilement peut recevoir des alimens, l'humanité commande de lui laisser au moins une partie du produit de l'usage.

~~~~~~~~~~~~~~~~~~~~~~~~~~~~~~~~~~~~~

TROISIÈME PARTIE.

DE L'HABITATION.

Définition de l'Habitation.

ART. 152. L'Habitation est le droit d'habiter dans la maison d'autrui. Ce droit lui est commun avec l'usage et l'usufruit. Cependant elle n'est ni l'un ni l'autre, mais une troisième espèce de droit. *Sed si cui habitatio legata sit, sive aliquo modo constituta sit, neque usus videtur, neque usus-fructus, sed quasi proprium aliquod jus. Inst. de usu et habit.* § 5, liv. 2, tit. 5. Voyez la loi *anti-quitas* 13, *cod., de usu et habit.*

On établira par la suite la conformité et la dis-cordance qui se trouvent entr'eux.

PREMIÈRE DIVISION.

Par quels actes, par quels termes, et sur quoi s'établit l'Habitation.

ART. 153. L'habitation s'établit par les mêmes actes que l'usufruit et l'usage, par disposition à cause de mort, par contrats entre-vifs, et de toute autre manière, *aliquo modo*, disent les Instituts, *de usu et habit.*, § *sed si cui* 5. Article 625 du C. C.

ART. 154. N.° 1. Quand le testateur s'est expliqué d'une manière claire, et a donné tout bonnement l'habitation, nulle difficulté. Mais la loi a prévu les cas où il emploierait certaines expressions d'où on pourrait induire qu'il a voulu laisser plus que l'habitation, savoir l'usufruit ou l'usage, quand il a mêlé ces termes avec celui de l'habitation. Il en est d'autres d'où on pourrait induire le don de la propriété. Voyez art. 9 et suivans.

Pour enlever tout doute, la loi *si habitatio* 10, § *sed si* 2, D, *de usu et habit.*, décide que, lorsque le testateur a légué l'usufruit d'une maison avec l'addition *pour l'habiter*, le legs se réduit à la simple habitation, malgré l'insertion du mot usufruit. *Sed si sic relictus sit illi domûs ususfructus habitandi causá, utrùm habitationem solam, an verò et usumfructum habeat, videndum ? Et Priscus et Neratius putant solam habitationem legatam, quod est verum.*

A plus forte raison, le legs sera-t-il borné à ladite habitation si le testateur, au lieu du terme usufruit, n'a mis que celui d'usage. *Planè si dixisset testator, usum habitandi causá, non dubitaremus quin valeret (habitatio).*

La loi *cùm antiquitas* 13, cod. D, *de usuf. et*

habit. confirme cette décision, *etiàm nomine usus-fructús addito; in tantùm enim valere habitatio-nem volumus, ut non antecellat usumfructum.* Donc l'usufruit et l'usage *de l'habitation, ou pour habiter,* n'attribuent pas plus de droit que si le mot *habitation* était seul et isolé.

N.º 2. Dès lors que ces expressions ne confèrent ni l'usufruit ni l'usage, il est naturel qu'elles confèrent encore moins la propriété; *nec dominium habitationis speret legatarius,* porte ladite loi, *antiquitas* 13; à moins, ajoute-t-elle, que le légataire ne prouve évidemment que l'intention du testateur a été de lui transférer la propriété. Mais comment venir à bout de faire cette preuve?

N.º 3. Si lesdites expressions n'emportent pas la propriété en faveur du légataire, il en est d'autres d'où résulte cette propriété. Le testateur a légué une maison, *pour y habiter :* le legs est de la propriété. Le pléonasme *pour y habiter* n'atténue pas la force dudit legs pur et simple de la propriété contenu dans le premier membre de la phrase. Tel est le sentiment de Menochius, Mantica, Pekius, Voet, etc.; à la vérité aucune loi ne le décide positivement; mais ces auteurs ont cru pouvoir l'enseigner ainsi par argument de plusieurs lois. La loi *species* 15, *D, de auro, et arg. leg.,* suppose que le testateur lègue à Seia plusieurs espèces d'or et d'argent, à la charge de les remettre après sa mort à d'autres personnes, en ajoutant desquelles choses l'usufruit vous suffira pendant votre vie, *quarum rerum ususfructus dùm vives, tibi sufficiat.* Le legs renferme-t-il la propriété ou un simple usufruit? La propriété, dit la loi, à la charge toutefois d'un fidéicommis; *respond t... proprietatem legatam.* On trouve une pareille décision dans la loi dernière *cùm pecunia, D, de usu*. ... *rer. quæ.* Titius est légataire d'une somme à la charge de la remettre après sa mort à Mævius; le testateur a ajouté que Titius en aura l'usage; la propriété ne lui en appartiendra pas moins; *quanquam adscriptum sit ut usum ejus Titius haberet, proprietatem ei legatam.* Ces auteurs auxquels on peut joindre Despeisses, de l'habitation, n. 4, Barry par lui cité, et Lacombe en sa jurisprudence civile, au mot *habitation*, n. 1, s'appuient encore sur la loi 4, et la loi 22, § 1, D, *de aliment. vel cib. legat.* Voyez ci-devant la fin du § 1, partie première.

Il ne faut donc pas confondre les termes mentionnés dans le numéro précédent avec ceux dont parle celui-ci, ni autres équivalens. Mais pour parer à toute contestation, on doit suivre le conseil donné par Cæpola, des servitudes, ch. 6, n. 5, que *sit cautus testator vel notarius, quomodo loquatur.*

Ces expressions emportant propriété mêlée avec substitution, renfermeraient aujourd'hui nullité de l'une et de l'autre.

N.º 4. L'habitation est comprise sous les mots, je donne à un tel tout ce que je lui donnais de mon vivant, quand ce tel avait un logement gratuit chez le testateur. Telle est la disposition textuelle de la loi *sempronio* 33, *D*, *de usu et usufr.*

N.º 5. On voit par la définition ci-dessus, et par le seul sens du mot *habitation*, que l'habitation ne peut avoir lieu que sur des bâtimens, et des endroits clos et couverts.

SECONDE DIVISION.

§. I.er

Des devoirs de celui à qui l'habitation est conférée.

Art. 155. N.º 1. Celui qui a droit d'habitation n'est pas plus exempt que l'usufruitier et l'usager de fournir caution de jouir en bon père de famille. Il doit donc commencer par cette formalité; *et si habitatio, vel operæ..... Relictæ fuerint, hæc stipulatio locum habebit; l. huic stipulationi* 5, *§ ult. D, usuf. quemadm. caveat;* art. 626 du C. C. Cet article veut aussi que par préalable on fasse état de la maison, ce qui est un acte de prudence dans l'intérêt du propriétaire et de l'habituaire.

Dans le ressort du ci-devant parlement de Bordeaux, la veuve ne devait pas donner caution à ses propres enfans, mais à un héritier étranger; Lapeyrère, à la fin du mot *nôces*, et let. U, n. 64; à moins qu'elle ne convolât. L'article 626 du C. C., parlant généralement, a implicitement anéanti cette distinction.

La caution est donc exigible tant pour l'habitation provenant des conventions matrimoniales, que pour celle qui provient de disposition de dernière volonté.

Quoique l'article susdit ne contienne pas d'exception, il y a lieu de croire qu'on peut continuer de juger, comme on faisait au susdit parlement, que la veuve à laquelle son mari a laissé en usufruit des meubles, et qui a des immeubles suffisans pour en répondre, peut être exempte de caution, même lorsqu'elle songe à se remarier. *Sic judic.*, à cette cour, en faveur de la dame Meynier. Voyez ci-devant art. 52, p. 146. Lorsqu'elle n'a pas assez d'immeubles, la marche qu'on suivait était de former opposition au second mariage, avant sa célébration, et la main-levée n'en a été accordée qu'après l'accomplissement de cette formalité, par arrêts des années 1715, 1716, 1729.

N.º 2. On trouve dans Larocheflavin, *V.ᵇᵒ habitation*, un arrêt qui a dispensé l'habituaire de contribuer aux impositions et aux charges. Le parlement de Toulouse a eu vraisemblablement des

raisons pour le rendre. Mais l'art. 625 du C. C.
l'assujettit aux unes et aux autres. Il ne nomme, à
la vérité, que l'usager, mais il confond en cela
l'habituaire avec l'usager ; les impositions, les réparations, et autres charges des bâtimens, doivent, en
bonne justice, tomber sur l'un et sur l'autre ; ce
qui est conforme à ladite loi *si domus* 18, *D, de usuf.
et habit.* Ledit habituaire supportera donc les charges au prorata de sa jouissance, en totalité s'il
occupe tout le bâtiment, en partie s'il n'en occupe
qu'une partie. On verra ci-après que l'habitation
ne diffère guères de l'usage, excepté dans les objets auxquels la loi a établi une différence.

N.º 3. Un autre devoir de l'habituaire est d'attendre que la succession soit acceptée ; Cujas, sur
les Instit. *de usu et habit...* J'ai démontré, en parlant de l'usufruit, art. 39, la nécessité de cette
acceptation préalable, et rapporté les moyens de
l'accélérer, en cas de retard de la part de l'héritier.

§. II.

Des droits de celui à qui l'habitation est conférée.

ART. 156. L'Habitation, dit Domat, de l'usufruit,
sect. 2, est pour les maisons ce qu'est l'usage pour
les autres fonds, et au lieu que celui qui a l'usufruit d'une maison, peut jouir de la maison entière,

celui qui n'a que l'habitation a sa jouissance bornée
à ce qui lui est nécessaire ou réglé par le titre. Après
avoir ajouté que certaines lois paraissent accorder
la maison entière, tandis que d'autres n'accordent
que le logement convenable, il finit par dire qu'on
doit suivre les termes du titre. Mais si le testateur
n'a pas fait connaître son intention, au défaut d'expressions claires dans le titre, le logement doit
être proportionné à l'état et condition du légataire.
Il consistera en une maison entière, ou un appartement plus ou moins vaste. L'article 633 du
C. C. restreint le droit d'habitation « à ce qui est
nécessaire pour l'habitation de celui à qui ce droit
est concédé, et de sa famille. » Ce *nécessaire* doit
donc être réglé suivant que la famille est plus ou
moins nombreuse ; car suivant l'article 632 dudit
code, il peut y demeurer avec sa famille, et suivant Domat, n. 8, il ne peut pas habiter séparément
de sa femme, de ses enfans, et de ses domestiques.
D'après cet auteur, n. 9, l'habitation donnée selon
le besoin de celui à qui ce droit est acquis, comprend les commodités nécessaires. Ainsi si le légataire a besoin d'écuries, de remise, et autres
commodités, il sera fondé à les réclamer, et s'il
a besoin de la maison entière pour sa famille, elle
lui sera délivrée, quand même, dit Domat, il ne
resterait rien au propriétaire. L'habitation est conforme en cela à l'usage.

Le logement est donc réglé d'après ce qui est
nécessaire au légataire et à sa famille, au moment

de son entrée en jouissance. S'il se marie par la suite, il habitera dans le logement fixé avec son épouse et les enfans qui naîtront, art. 632 du code susdit; mais le mariage survenant, n'empirera pas la condition du propriétaire, et ledit habituaire ne pourra pas demander augmentation de logement, à raison de l'augmentation de sa famille, ni se plaindre qu'il se trouve actuellement trop à l'étroit.

Voilà, je pense, ce qu'on doit conclure des dispositions du C. C.; l'art. 630 accorde à l'usager la permission d'exiger une plus grande quantité de fruits pour les besoins des enfans qui lui sont survenus depuis la concession de l'usage. Si la loi avait voulu étendre la même faveur sur l'habituaire, elle l'aurait dit. Au contraire, l'art. 632 semble la lui refuser, puisqu'il se contente de consentir que celui qui a droit d'habitation dans une maison, puisse y habiter avec sa famille, quand même il n'aurait pas été marié à l'époque où ce droit lui a été donné, sans ajouter, comme à l'égard de l'usager, qu'il aura droit de demander un logement plus considérable, à mesure de la survenance des enfans. On doit, si je ne me trompe, tirer de ces termes, la conséquence que l'habituaire conduira bien sa nouvelle épouse dans le logement qui a été jugé lui être nécessaire au moment de la fixation, et s'y arrangera comme il pourra avec son nouveau ménage, mais qu'il n'aura rien de plus à prétendre par la suite, quand même sa position viendrait à changer. Lorsque l'article 633 restreint l'habitation à ce qui est nécessaire pour l'habituaire et sa famille, il y a lieu de croire qu'il n'a eu vue que la famille actuelle, non la famille à venir. Voilà une différence entre l'usage et l'habitation. Bousquet, explication du C. C., art. 633, est encore plus rigide, car il pense que le beau-père ne pourra pas recevoir dans son logement son gendre, s'il ne fait déjà partie de sa famille, quand son droit s'est ouvert.

Le tout, à moins de disposition contraire dans le titre constitutif, comme il a été dit.

L'habitation non déterminée par le titre doit l'être, non pas uniquement sur le nombre des membres de la famille, mais en outre sur la qualité, la condition, le rang, et l'état de l'habituaire. Je répèterai ce que j'ai dit à l'égard de l'usage, d'après la loi *plenùm* 10, § *præter* 1, *D, de usu et habit.*, savoir que *aliquo modo enim largius cum usuario agendum pro dignitate ejus cui relictus est usus.* Car malgré l'égalité républicaine avec laquelle on a tant bercé le peuple dans des temps orageux, il a toujours existé, et existera toujours des distinctions entre les citoyens dans tous les royaumes, empires, et autres états du monde, même dans les républiques.

N.º 2. L'habitation étant restreinte à ce qui est nécessaire pour la famille, il s'ensuit que le propriétaire occupera ou louera le surplus de la maison. L'habitation diffère encore en cela de l'usage.

N.º 3. L'habitation ne devant pas s'étendre au delà de ce qui est nécessaire, le jardin contigu à la maison fait-il partie du susdit nécessaire, s'il n'a pas été nommément légué? Cæpola, des serv. chap. 6, n. 5, est pour la négative, quoiqu'il y ait une entrée libre de la maison dans le jardin, d'après la loi *olympico* 4, *D, de serv. urb. præd.* Cependant cette loi n'est pas topique sur la question. Dans l'espèce qu'elle propose, on avait nommément légué la maison et le grenier; rien de plus. Le jardin était donc censé exclus, et si bien exclus que ladite loi ajoute, si avant le legs on passait par la maison pour aller dans le jardin et dans une salle non comprise non plus dans le legs, l'héritier continuera de passer comme ci-devant. Dans l'espèce de cette loi, le jardin était donc réservé pour l'héritier.

L'exclusion du jardin paraît encore résulter de la loi *plenum* 12, § 1, *D, de usu et habit.*, rapportée à l'art. 142, qui accorde à celui qui a l'habitation, usager ou habituaire, la liberté de se promener dans le bien. Cette concession de la promenade semble renfermer la privation de la jouissance de la moindre portioncule du revenu territorial, car celui qui a droit à quelque récolte a besoin d'aller sur les lieux pour la cultiver et la ramasser, sans permission particulière pour se promener.

Néanmoins, si le jardin est un accessoire de la maison, si le testateur l'a acheté pour procurer plus d'agrément à la maison, et qu'il y soit contigu, Cæpola dit que les docteurs décident que l'habituaire en jouira. Ils se fondent sur la loi *prædiis* 91, § *qui domum* 5, *D, de legat.* 3. Elle parle seulement de la propriété; mais ces auteurs étendent sa décision au legs d'habitation. En effet, il y a tout lieu de penser que le testateur en donnant l'habitation d'une maison, a entendu comprendre le jardin *attenant,* surtout s'il est de modique étendue, et s'il l'a acheté *ut domum amœniorem ac salubriorem possideret,* comme dit la loi. Mais lorsque l'extension doit avoir lieu, ce ne peut être que dans le cas d'habitation dans la maison entière, non dans celle d'un simple appartement.

A l'égard des maisons de campagne, la jurisprudence française a été plus généreuse que le législateur romain. J'ai parlé ailleurs d'un ancien arrêt rapporté par Montholon, et répété, d'après lui, par une multitude d'autres auteurs vieux et modernes, qui adjugea à la veuve à laquelle le mari avait donné l'habitation dans un château, la jouissance du jardin, non-seulement celle du jardin, mais encore celle des poissons existans dans les fossés ambians le château, et des pigeons du colómbiér, on en verra, article suivant, n. 10, un autre qui mit la duchesse de la Force en possession du potager entier. Voyez Denisard, *V.*ᵇᵒ *habitation,* n. 13.

La qualité du légataire et la fortune du testateur doivent influer sur le réglement à faire, comme il est dit ailleurs, si ledit testateur n'a pas précisé son intention.

N.º 4. Les lois romaines assimilaient à peu de choses près, l'habitation à l'usage, quant à l'effet qui en résulte, *effectu quidem pene esse legatum usús et habitationis; l. si habitatio* 10, *D, de usu et habit.* On a vu ci-devant des exemples de leur ressemblance et de leur différence. En voici d'autres. Ces deux droits avaient encore cela de commun que l'habitation permettait d'habiter avec les mêmes personnes que l'usage, qu'elle ne pouvait pas être donnée, qu'elle ne passait pas à l'héritier de l'habituaire, *l. si habitatio* précitée; mais ils différaient en ce que quoique l'habitation ne pût pas être donnée, elle pouvait néanmoins être affermée à un tiers. Inst. *de usu et habit., n.* 5; *l. cùm antiquitas* 13, *cod. de usu et habit.* Parmi nous, l'article 634 défend de louer et céder ce droit en aucune manière; M. Gary orateur du gouvernement, avait annoncé cette innovation dans son discours, quand il présenta la loi au corps législatif. Mais en France, comme dans l'ancienne Italie, il est personnel au légataire, et ne passe pas à son héritier. *Ad hœredem tamen nec ipsa transit dict. l.* 10. Quoique le droit en lui-même, ne puisse être loué, il est cependant vraisemblable que l'habituaire pourra partager son logis avec un ami.

Art. 157. N.º 1. Un des dons d'habitation le plus commun, est celui qu'un mari fait à sa femme, soit par contrat de mariage, soit par testament, soit dans une maison désignée, soit dans celle dépendante de la succession qu'elle aimera le mieux, soit sans aucune désignation.

Certaines coutumes l'adjugaient même de droit à la veuve noble; d'autres l'adjugeaient tant à la roturière qu'à la noble. Quelques-unes ajoutaient à l'habitation des accessoires qu'on appelait en certains pays *des accins.* Soefve fait mention d'un arrêt du 9 décembre 1670, copié par d'autres auteurs, lequel a jugé qu'en vertu de la disposition particulière de la coutume de Vermandois, cette expression comprenait les bois et terres attenant la château, les jardins tant de plaisance qu'autres, consistans en bois et terres ensemencées, jusqu'à l'étendue de cinquante arpens ou environ.

Aujourd'hui, tous avantages nuptiaux accordés par la loi sont supprimés; la veuve n'en a d'autres à prétendre que ceux qui lui sont délaissés volontairement par son mari.

N.º 2. Si le mari a fixé l'habitation, il faut s'en tenir à l'acte. Mais souvent il laisse à sa femme l'option du lieu. En général, la veuve à laquelle l'option est déférée, ne doit choisir ni le meilleur ni le plus mauvais, ni le principal manoir, ni le pire, suivant la loi *legato* 37, *D, de legaris* 1

et la loi *ult.* § 1, *in fine*, *cod. communia de legat.*
Telle est la conséquence qui résulte de l'art. 1022
du C. C. dès lors que cet article décide que l'héritier ayant la faculté d'opter ne doit donner ni
de la meilleure qualité ni de la plus mauvaise, il
s'en suit, ce me semble, que la veuve doit suivre
la loi portée par cet article. Carondas, liv. 7 de ses
réponses, ch. 147, dit l'avoir vu juger ainsi, d'après
un autre arrêt qu'il dit avoir pris dans les Mémoires
de Chopin. A la vérité, il se trouvait une parti-
cularité dans l'espèce dont il parle. Le fils aîné
prétendait que la coutume des lieux lui accordait,
à titre de préciput, le principal manoir qui n'avait
pu lui être enlevé par son père. La mère fut con-
damnée à choisir son habitation parmi les autres
maisons. Maynard, en ses arrêts, liv. 8, ch. 87,
dit avoir engagé des gens de son voisinage à un
accommodement par lequel la veuve qui avait droit
d'opter en vertu de son contrat de mariage, se
décida à ne prendre ni le plus beau, ni le moindre logement.

Si le choix n'a pas été laissé expressément à la
veuve, il est dévolu de droit à l'héritier du défunt;
qu'elle ait son habitation par son contrat de mariage, ou par le testament de son mari, peu importe;
Merlin, Répertoire de jurisprudence, aux mots *habitation*, et *option*, qui cite les articles 1189, 1190
et 1196 du C. C. Cet héritier sera tenu de se conformer à l'article précité 1022, dans la délivrance

du legs, de ne donner ni le meilleur, ni le plus
mauvais.

N.º 3. La liberté du choix est restreinte dans
quelques occasions; par exemple, le mari a donné
à sa femme le logement dans la maison qu'il habitait, il n'est pas censé l'avoir donné dans la
maison de campagne où il ne résidait que de temps
en temps; Mantica, liv. 9, tit. 2, n. 40. Ainsi la
veuve ne pourra pas exiger ce logement, ni l'héritier ne pourra pas la contraindre à l'accepter dans
cette maison de campagne.

N.º 4. Si le testateur qui a donné le logement
susdit dans la maison qu'il habitait, et qu'en ayant
plusieurs à lui appartenantes il n'en habitât aucune,
le choix est dû à l'héritier; qui sera cependant
astreint à fournir le logement à la veuve dans la
ville où demeurait le mari. Ranchin, en ses décisions, part. 1, conclus. 330. Voyez la loi *si domus* 71, *D, de legaris* 1.

Si le testateur a dit vaguement laisser l'habitation
dans sa maison, il est censé l'avoir laissée dans la
maison où il avait son domicile; argument de la
loi *quæ conditio* 39, § 1, *D, de condit. et demonstr.*

N.º 5. La maison ne doit pas être garnie de
meubles, lorsque le constituant ne l'a pas ordonné,
dit Ferrière, en son dictionnaire de droit, au mot
habitation en cas de survie. Il n'est pas le seul qui

Je pense ainsi ; mais d'autres pensent le contraire. Pour les concilier, Barry, des successions, liv. 9, tit. 11, n. 4, distingue entre le legs d'habitation fait à la femme, et celui fait à un étranger. Il croit que le mari, laissant l'habitation à sa femme, est censé la lui avoir laissée telle qu'elle en jouissait quand ils demeuraient ensemble. Mais dans le ressort du ci-devant parlement de Bordeaux, la femme n'avait que l'habitation toute nue, si le logement ne lui avait pas été donné garni.

N.º 6. Le testateur a donné l'habitation dans sa maison, mais il n'a pas de maison. Le legs est-il nul ? Ladite loi *si domus* 71, *D, de legat.* 1, parlant de la propriété, prononce l'affirmative, et que le legs est dérisoire, *quod si nullas ædes reliquerit, magis derisorium est quàm utile legatum.* Cela est vrai pour le legs de la propriété. Si l'héritier ne trouve pas de maison dans la succession, il ne peut pas en délivrer. Mais il ne paraît pas naturel de conclure, en ce point, de la propriété à l'habitation. L'addition *dans sa maison* n'est pas capable de détruire le legs antérieur de l'habitation. Alors l'héritier doit la fournir en argent. Il doit la fournir de la même manière, lorsque l'habitation est promise par contrat de mariage. Le mari, dit Boucher-d'Argis, en son traité des gains de survie, ne peut nuire à sa femme en vendant sa maison, ou en en laissant qui ne sont pas habitables. Mais il faut remarquer que si le mari n'a laissé que des meubles, elle n'a plus aujourd'hui de préférence sur eux pour le prix de son habitation en argent, en vertu de son contrat de mariage. Elle vient par contribution au marc le franc avec les autres créanciers, si elle n'a pas fait inscrire son contrat.

N.º 7. Le même Cæpola, audit ch. 6, n. 5, décide que, quoique le testateur, après avoir donné l'habitation ou l'usufruit à sa femme, lègue dans le même testament à un tiers, la propriété de la maison dont il a laissé ladite habitation ou ledit usufruit, ni l'un ni l'autre ne sont révoqués par le legs de la propriété, parce que *legato generali ususfructús vel habitationis non derogatur per legatum speciale ipsius rei.* Il se fonde sur la loi *sempronicæ* 33, *D, de usu et usufr.* Il cite Barthole.

N.º 8. Barry, des successions, liv. 9, tit. 11, n. 8, nomme plusieurs anciens auteurs qui enseignent que l'héritier qui a assigné une maison à la veuve, a le droit de varier et de la transférer dans une autre. Ils se fondent sur la loi *si sterilis* 21, § *qui domum* 6, *D, de act. empt. et vend.* Leur conséquence ne paraît pas juste. Cette loi suppose qu'un particulier a vendu une maison sous la réserve, ou de l'habitation pour lui, ou à la charge par l'acquéreur de lui compter annuellement une somme. Elle permet à l'acquéreur de varier chaque année, *singulis annis,* et de donner ou l'habitation ou la somme à son choix. Le vendeur doit s'imputer d'avoir conféré à l'acquéreur une pareille liberté.

Mais cette loi ne doit pas s'appliquer au legs d'habitation fait à la veuve, laquelle ne doit pas être tenue de suivre les caprices de l'héritier, ni de déménager sans cesse. Le testateur n'a pas, comme le vendeur, accordé à son héritier une faculté aussi incommode pour l'habituaire.

N.º 9. L'opinion de ces auteurs est plus raisonnable quand ils avancent que, si la veuve ne peut pas demeurer dans la maison avec l'héritier, soit parce qu'elle n'est pas divisible, soit parce qu'elle est trop petite, soit parce que cette cohabitation donne lieu à de fréquentes disputes, l'héritier peut être reçu à lui fournir ailleurs un logement aussi commode. C'est à la justice à régler les choses selon les circonstances.

Mais si la maison est divisible, assez grande pour contenir deux ménages, qu'il ne s'en trouve qu'une dans la succession du mari, ou que le logement soit taxativement délaissé dans celle qu'habite l'héritier, la veuve doit en partager la jouissance avec ledit héritier ; enseigne, d'après Bourjon, Denisard, au mot habitation, n. 13.

N.º 10. On traitera de la même manière la veuve, lorsque la succession, comprenant plusieurs maisons, le choix lui est déféré ; le contrat de mariage avait accordé à la duchesse de La Force son habitation dans le château de la Force, situé en Périgord, ou dans celui de la Boullaie, situé en Nor-

mandie, à son choix. Elle opta pour ce dernier
où résidait l'héritier, et en prétendait la totalité.
Premier arrêt au grand-conseil en l'an 1737, qui
ne lui accorde qu'une habitation convenable à son
état, dans ledit château, laquelle sera réglée par
un conseil de famille et par experts. Autre arrêt
en 1739, qui lui adjuge environ les deux tiers du
château, le potager entier, etc. De ces arrêts rapportés par ledit Denisard et le répertoire de jurisprudence, il s'ensuit que si le château entier avait
été nécessaire pour son habitation, elle aurait totalement délogé l'héritier.

N.º 11. On trouve dans le journal du palais,
tome 1, p. 614, dans Denisard, et le répertoire de
jurisprudence, différens arrêts qui ont donné plus
ou moins d'extension aux legs d'habitation, suivant
les dispositions des testateurs ; entre autres celui de
la maréchale de Montesquiou. Son mari lui avait
donné l'habitation dans tel château qu'elle préfé-
rerait, avec les jardins, pourpris, et préclôtures.
Elle choisit celui du Plessis-Piquet, dont les par-
terre, bois et parc contenaient quatre-vingt-cinq arpens. Dans cette enceinte étaient renfermés environ
trente arpens de taillis. L'héritier les lui disputait;
arrêt le 28 mars 1727, au parlement de Paris, qui
lui en adjuge la jouissance. Les autres sont dans des
hypothèses particulières.

N.º 12. La veuve perd-elle son logement en passant à de secondes nôces? La loi *cæterùm*, 4, § 1,

D; *de usu et habit.*, décide que non, mais elle parle de l'usage. Bretonnier, sur Henrys, liv. 4, quest. 5, et Boucher-d'Argis, en son traité des gains de survie, soutiennent le contraire de la loi. Mais Merlin, répertoire de jurisprudence, au mot *habitation*, enseigne qu'actuellement la veuve à qui le mari a laissé l'habitation, ne la perd pas en se remariant. En effet, l'art. 632 du C. C. permet à tout habituaire de demeurer dans la maison avec sa famille, quand même il n'aurait pas été marié à l'époque où ce droit lui a été donné. Ne doit-on pas en conclure que la veuve y pourra loger son second mari? Au surplus il est certain que le convol n'enlève plus à la veuve les avantatages faits par le mari. Mais si le mari n'a laissé l'habitation qu'à la charge de garder viduité, la femme sera tenue de se conformer à la loi imposée, sous peine de perdre son droit. (Voyez cependant répertoire, *V.bo condition*, § 4, n. 4, et *viduité* où Merlin renvoie.)

Puisque la veuve n'est pas privée de l'habitation par le convol, elle l'est encore moins de la pension qui en tient lieu, quand elle pouvait opter entre l'habitation ou la pension. Elle ne l'était pas même avant les nouvelles lois. Le marquis de Pont avait donné par contrat de mariage, à sa femme, l'habitation dans un de ses châteaux, ou une pension de deu mille francs à son choix. Elle préféra la pension. Ayant ensuite convolé, non en 1776, comme le prétendent les auteurs du répertoire qui rapportent cet arrêt, mais en 1780, ce que je puis attester, ayant connu particulièrement la marquise de Pont, soit avant, soit après son second mariage, les héritiers du mari lui contestèrent la pension, sous prétexte du convol. Arrêt au parlement de Paris, qui les condamne à la lui payer pendant sa vie. Le paiement cessa bientôt, car elle mourut peu après.

Bretonnier précité soutient que quoique le convol enlève l'habitation en nature, néanmoins si la veuve a opté la pension, elle continuera de lui être acquittée, malgré le convol; mais que si elle à mieux aimé l'habitation, elle ne pourra pas, après les secondes nôces, recourir à la pension.

N.º 13. Il est une autre espèce d'habitation qu'on peut appeler légale, c'est celle que le C. C. accorde à la veuve, dans la maison maritale, pendant un certain temps après la mort du mari. Dans les mariages assujettis à la communauté, l'art. 1465, veut qu'elle soit nourrie et logée, elle et ses domestiques, pendant trois mois et quarante jours; qu'elle accepte la communauté, ou qu'elle y renonce, cela est très-indifférent. Dans les mariages contractés sous le régime dotal, l'art. 1570 oblige les héritiers du mari à la loger pendant l'an du deuil, quoiqu'elle n'ait apporté aucune dot.

N.º 14. Suivant Cæpola, des servitudes, ch. 6, n. 7,

et d'autres anciens auteurs, le legs d'habitation dans la maison *avec ses enfans*, laissé par le mari à sa femme comprend les alimens *ex tacitá voluntate defuncti*, et oblige les enfans à les lui fournir. Je ne crois pas avoir besoin de combattre cette opinion qui, si je ne suis pas dans l'erreur, tombe d'elle-même. La conséquence qu'ils tirent des lois par eux citées me paraît être ce qu'on appelle vulgairement tirée par les cheveux.

N.º 15. Plusieurs des principes établis concernant la veuve, sont applicables à toute autre personne qui a droit d'habitation. Il sera facile de les discerner.

ART. 158. L'habitation dont on n'a pas fixé le le terme n'est pas censée donnée seulement pour un an, mais pour toute la vie. *Utrùm autem unius anni sit habitatio, an usque ad vitam, apud veteres quæsitum est, èt rutilius donec vivat habitationem competere ait; l. si habitatio* 10, § *utrum* 3, *D, de usu et habit.*

ART. 159. L'habitation léguée pour en jouir chaque année est due dès le commencement de chaque année. *Habitationis legatum in singulos annos, ab initio anni deberi constat; l. habitationis* 11, *D, de usu et usufr.*

ART. 160. L'habituaire a en main l'action en complainte et toutes autres relatives à sa jouissance, comme l'usager et l'usufruitier.

ART. 161. En parlant de l'usufruit, j'ai rapporté la loi *illi* 40, *de usu et usufr.*, qui s'attachant plus particulièrement à l'habitation, décide que le legs fait à celui-là *et à* celui-là, a la même valeur qu'à celui-là *avec* celui-là.

ART. 162. Furgole, des testamens, tom. 3, ch 9, n. 50, refuse le droit d'accroissement entre colégataires de l'habitation. Il combat l'opinion contraire de certains auteurs, lesquels se fondent sur la loi *codicillis* 34, *D, dé usu et usufr.* Cette loi, dit-il, ne parle pas du droit d'accroissement, mais de la disposition du testateur qui ne veut pas que la maison revienne au propriétaire avant la mort de tous les habituaires. Quoi qu'il en soit de cette loi, une raison qui me paraît très-puissante contre l'accroissement que j'ai employé à l'égard de l'usager, est que l'habitation étant bornée au pur nécessaire de l'habituaire, il se trouverait par la suite, avoir au delà de ce nécessaire, s'il réunissait la portion des autres à la sienne.

TROISIÈME DIVISION.

De l'Extinction de l'Habitation.

ART. 163. N.° 1. L'Habitation finit par les mêmes moyens que l'usufruit et l'usage; art. 625 du C. C.

Les lois romaines mettaient une différence. Elles conviennent bien qu'elle cesse par la mort naturelle;

l. habitatio 11, *cod. de usu et usufr.* — *L. legatum* 10, *D, de capite minutis*; mais la loi *si habitatio* 10, *D, de usu et hab.*, la laisse subsister malgré la mort civile, *nec capitis diminutione.* La raison qu'en donne Cæpola, en son Traité des servitudes, ch. 6, est que l'habitation est censée faire partie des alimens, et que *in alimentis potiùs attenditur factum quàm personæ conditio,* suivant ladite loi *legatum.* Cette même loi la laisse encore subsister quoiqu'on n'en use pas, *nec non utendo,* par la même raison qu'on ne perd pas les alimens par le non usage. Telle est la différence que ces lois avaient établi entre l'habitation, l'usufruit, et l'usage.

En France, ledit article 625 supprime toutes ces différences; l'habitation se perd de la même manière que l'usufruit. D'ailleurs l'article 25 dudit code enlève à celui qui est condamné tous les effets civils. Ainsi, aussitôt après la condamnation du père de famille, tout son monde doit déloger; j'ai bien dit, en parlant de l'usufruit, et de l'usage, que celui qui est mort civilement, peut avoir droit à une partie de l'un ou de l'autre, à titre d'alimens, mais le logement n'est pas compris de droit dans les alimens.

Quant au défaut d'usage, dès lors que ledit article 625 anéantit l'habitation par la même manière que l'usufruit, et que l'article 617 fait éteindre l'usufruit par le non usage pendant trente ans, il s'ensuit que l'habitation sera perdue après le laps de trente ans de non usage.

N.º 2. On a vu que l'objet sujet à l'usufruit ayant disparu en totalité, il ne subsiste plus d'usufruit. Il ne subsistera pas non plus d'habitation, puisqu'elle finit par les mêmes moyens que l'usufruit. Ce droit n'est pas nouveau; Carondas, tant en ses réponses qu'en ses pandectes; Robert *rerum judicaturum*; Despeisses, de l'habitation, n. 14; Ricard, du don mutuel, traité 1, n. 367, rapportent un ancien arrêt du mois d'avril 1584, qui a jugé que la maison ayant été incendiée, l'habitation était éteinte, et n'avait pu revivre sur le terrein de l'ancienne. Mornac en rapporte un autre du mois de mai 1629.

L'habituaire, conforme en cela à l'usufruitier, n'aura pas même de droit sur l'emplacement ni les matériaux; voyez art. 624 du C. C., et la loi 5, § 2, *D, quib. mod. ususf. amitt.*

Mais si la perte n'est pas totale, l'habitation reste sur ce qui est conservé; elle subsiste aussi si la maison n'est démolie qu'en partie, et rebâtie successivement, à l'instar de l'usufruit.

N.º 3. L'habitation étant léguée pour en jouir chaque année, Despeisses, de l'habitation, n. 13, prétend que si le légataire meurt dans le cours de l'année, son héritier pourra jouir de l'habitation pendant le restant de ladite année, parce que tous les legs annuels sont transmis aux héritiers pour ce qui reste dû de l'année en laquelle le testateur est décédé ; *l. à vobis* 5, *et l. in singulos* 8, *D, de annuis legaris*. Il cite Cujas sur la loi précitée *habitationis*.

N.º 4. Des auteurs ont soulevé la question, si l'habitation donnée par quelqu'un à un tiers cesse à la mort du donateur. Si ce donateur n'a pas confirmé ce don pour que le donataire en jouisse après sa mort, il est censé n'avoir entendu lui accorder cette gratification que tant que lui donateur, serait en vie. C'est une juste conséquence de la loi *Lucius Titius* 32, *D, de donation.*; mais si le donateur a assuré l'habitation au donataire pour la vie de ce dernier, la mort du premier n'influera en rien dans la jouissance du second.

N.º 5. Un particulier vend sa maison avec réserve de l'habitation en faveur de ceux qui y demeurent. Cette réserve générale profitera bien aux habitans de la maison, mais non au vendeur, quoiqu'il demeurât dans ladite maison. Il aurait dû se réserver nommément l'habitation pour lui. Faute de l'avoir fait, il sera obligé de déloger. *L. si mercedem* 55, § *si habitatoribus* 2, *D, de act. empt. et vend*. La raison qu'en donnent la Glose, et Mornac, est *quià in generali sermone non continetur persona loquentis*. Mornac ajoute en français « Si l'on réserve à ceux qui demeurent en la maison vendue, d'y pouvoir demeurer, le propriétaire qui vend ne se peut prévaloir de cette clause de réserve faite en général, encore que lors de la vente, il demeurât pareillement en la même maison. »

Encore même cette réserve ne servira qu'à ceux qui habitent la maison en vertu d'un titre onéreux, tel que le loyer pour un prix convenu, mais non à ceux à qui le propriétaire avait donné le logement gratuit ; *nominatim enim de his recipi oportuit, itaquè eos habitatores emptor insulæ habitatione impune prohibebit*, porte la loi susdite. Par les mots *recipi* et *recepta*, employés par la loi, il faut entendre *excipi* et *excepta*, Voyez la Glose.

FIN.

TABLE

Des Paragraphes contenus dans les deux Volumes.

———

Les chiffres romains marquent les tomes, et les chiffres arabes marquent les pages

TROISIÈME DIVISION.

De l'Extinction de l'Usufruit.

DE L'USAGE.

DE L'HABITATION.

TABLE

Des Matières par ordre alphabétique.

Les chiffres romains marquent les tomes , et les chiffres arabes
marquent les pages.

A

ABEILLES.

ABUS.

ACCROISSEMENT.

ACQUÊTS.

ACTIONS.

ALIMENS.

ALLUVION.

AMÉLIORATIONS.

ANIMAUX, (*Voyez* TROUPEAU.)

ANTICHRÈSE.

ARBRES. (*Voyez* RÉPARATIONS.)

B

BAIL. (*Voyez* FERME.)

BAINS.

Les anciens prenaient fréquemment des bains. I.
158

BATIMENT.

BIENS-FONDS.

BOIS.

BOUTIQUE. *Voyez* MARCHANDISE.

C.

CARRIÈRES. *Voyez* MINES.

CAUTION.

CHARGES.

CHASSE.

CHAUFFAGE.

CONSOLIDATION.

CONTRAT.

CONVOL.

D

DÉGRADATIONS.

DENRÉES.

DEUIL.

DOMMAGES-INTÉRÊTS.

DONATION.

DOT.

DUMOULIN.

E

EAU.

L'usufruitier agira en son nom si le voisin rejette
sur lui les eaux pluviales.   I. 323

Le voisin l'attaquera lui-même, si c'est lui qui
déverse les eaux, ou le propriétaire, suivant
qu'il jugera à propos.   *Ibid.*

ÉCHALAS.

L'usufruitier a le droit de prendre sur les arbres
de haute futaie, des échalas pour les vignes. I. 250

ENFANT.

A quel âge un enfant peut-il rendre service? I. 56

ENGAGISTE.

L'engagiste et l'emphytéote peuvent faire des changemens dans l'objet usufruité.   I. 151

Ils doivent payer les impositions.   I. 200

ENTERRER.

Le propriétaire peut-il, malgré l'usufruitier, en
terrer dans le terrein usufruité.   I. 372

ERREUR.

L'usufruit donné par erreur peut être réclamé. I. 98

ESCLAVE.

Un esclave peut être donné en usufruit.   I. 65

ÉTANG.

F

FENÊTRES.

FERME, FERMIER. *Voyez* BAIL.

FUNÉRAIRES.

de l'héritier, non de l'usufruitier même universel.   I. 221.-309

FURIEUX.

L'usufruitier à qui on aura laissé un usufruit jusqu'à ce que le furieux ait recouvré son bon
sens, gardera l'usufruit pendant toute sa vie,
si le furieux meurt, avant d'avoir recouvré son
bon sens.   II. 112

G

GAIN NUPTIAL.

La femme n'a plus aujourd'hui aucun gain nup-
tial conféré par la loi.   II. 204
Si le mari n'a laissé que des meubles, elle vient au
marc le francs avec les autres créanciers. II. 205

GARDE CHAMPÊTRE.

Le propriétaire peut établir un garde champêtre
pour surveiller le bien usufruité.   I. 371
L'usager aura le même droit.   II. 189

GIBIER.

Le gibier appartient à l'usufruitier.   I. 265
Le possesseur de mauvaise foi n'est pas tenu de
rendre compte du gibier qu'il a tué.   I. 266

H

HABITATON.

En quoi consiste le droit d'habitation. II. 191.-195

I.

ISLE.

INONDATION.

INSCRIPTION.

INSTRUMENTUM.

INVENTAIRE.

J.

JARDIN.

JOUISSANCE.

L.

LÉGAL. (USUFRUIT)

LÉGATAIRE, LEGS D'USUFRUIT.

Legs fait à celui-là et *à* celui-là, a la même valeur
que celui fait à celui-là *avec* celui-là. I. 385. II. 214

Dans le legs de la propriété d'un bien, les accessoires y sont-ils compris ? I. 70

Dans l'alternative de deux choses léguées, c'est à
l'héritier à choisir celle qu'il veut délivrer, non
au légataire. I. 308

LÉGITIME.

La légitime, ni la portion contingente qui appartient à un enfant, ne peuvent être remplacés par
un usufruit, même universel. I. 345

On n'impute, ni sur l'un, ni sur l'autre, les revenus que l'enfant a touché. *Ibid.*

L'usufruit que les ascendans ont souffert que leur
fils perçut sur leurs biens de son vivant, ne
s'imputent pas non plus, ni sur l'un, ni sur
l'autre. I. 347

LÉSION.

La lésion d'outre moitié n'a pas lieu en vente
d'usufruit. I. 339

LIT.

Si une rivière abandonne son lit, l'usufruitier aura-
t-il l'usufruit de cet ancien lit ? I. 276

Perdra-t-il celui du nouveau lit. II. 90

A qui revient la propriété de l'ancien lit. I. 276. II. 91

Si la rivière reprend son ancien cours, l'usufruit
renaît. II. 90. - 92

LOCATAIRE ; LOYERS.

Le testateur peut léguer au locataire de la maison,
les arrérages des loyers par lui dus. I. 236

M

MAISON.

MAJORITÉ.

MANDATAIRE.

MARCHANDISES, *Voyez* BOUTIQUE, VÉNALES.

MINEUR.

MORT NATURELLE.

MORT CIVILE.

N.

NAVIRE.

NOTAIRE.

O.

OBVENTION.

OEUVRE.

PATURAGE.

PÊCHE.

La pêche dans le champ que l'inondation a couvert n'appartient pas à l'usufruitier. II. 89

PENSION.

La pension que le testateur a établi sur l'usufruit même, périt avec l'usufruit. I. 217

Si le testateur a chargé l'héritier de l'usufruitier de la payer après la mort de celui-ci, l'héritier y sera-t-il obligé ? I. 218

Mais il ne donnera pas au delà de ce que l'héritier a perçu. *Ibid.*

PÉPINIÈRE.

L'usufruitier a droit sur les pépinières. I. 259.-264

Il peut emporter les plans, à la charge de les remplacer. *Ibid.*

Comment fera-t-il le remplacement ? I. 260

PÈRE.

Le père peut bien être privé de l'usufruit légal des biens donnés à ses enfans, mais non de leur administration, ni de la tutélle. II. 110

Il ne peut pas plus que les autres usufruitiers, dégrader le bien de ses enfans. I. 150

PIGEON.

Les pigeons sont réputés animaux sauvages. I. 269

Les pigeons des colombiers appartiennent à l'usufruitier. I. 268.-300

PRÉCIPUT.

PRESCRIPTION. *Voyez* JOUISSANCE.

PROCÈS.

PROPRIÉTAIRE, PROPRIÉTÉ.

R

RECONSTRUCTION.

RÉDUCTION.

Réduction de ce qui excède la quotité disponible.
 (*Voyez* Quotité.)

RELIGIEUX.

Chez les romains, le propriétaire pouvait-il faire
 un endroit religieux de l'objet usufruité. I. 372
La profession en religion , étéint - elle l'usufruit ?
 II. 26

RENONCIATION.

L'usufruitier qui veut se mettre à l'abri des charges et des réparations, peut renoncer. I. 78.-168.-
 200.-217
Mais celui qui a dégradé ne le peut pas.   I. 163
Les créanciers peuvent revenir contre cette renonciation. (*Voyez* Créancier.)   II. 58.-65
L'ascendant qui a renoncé à l'usufruit en faveur
 du descendant ne le recouvre pas par droit de
 retour.   II. 57
La renonciation formelle est la seule qu'on puisse
 opposer à l'usufruitier.   II. 33.-65

RENTE.

L'usufruitier universel, ou à titre universel, doit
 payer les revenus de la rente constituée dont le
 bien est chargé.   I. 210
Ainsi que la rente viagère.   I. 211.-216
Il en est de même du donataire.   *Ibid.*
Celui qui n'a que la nue propriété n'y contribue
 en rien.   *Ibid.*

RÉPARATIONS.

RETENTION.

SUBSTITUTION.

T

TAILLIS.

TAPISSERIES.

TONNEAU.

TOURBIÈRE. *Voyez* CARRIÈRE, MINE.

TRÉSOR.

TROUPEAU. *Voyez* ANIMAUX.

U

USAGE.

USUFRUIT.

[*Nature et essence de l'Usufruit.*]

[*Extinction de l'Usufruit.*]

[*Effets de l'extinction d'Usufruit.*]

[*Renouvellement d'Usufruit.*]

USUFRUITIER.

[*Droits de l'Usufruitier.*]

L'usufruitier doit être clairement désigné, sans quoi
le legs est caduc. I. 71

L'usufruitier a droit de jouir de tout le produit de
l'objet usufruité, bien-fonds et bâtimens. I. 5.-
230.-3o1

De quel jour les fruits lui sont-ils dus? (*Voyez*
Fruits.) I. 233

Il ne peut pas être forcé à se contenter du revenu
de l'objet usufruité, il peut exiger l'usufruit
même. I. 370

A-t-il droit aux animaux, arbres, carrières, chasse,
pêche, etc., etc. (*Voyez* chacun de ces mots.)

Il a droit de demander ce qui est nécessaire stric-
tement pour l'exercice de l'usufruit, mais non
ce qui est de pur agrément. I. 285.-287

Quelles actions a-t-il en main. (*Voyez* Action,
Complainte, Œuvre nouvelle, etc.

Il a en mains toutes celles qu'il peut exercer concernant son usufruit. I. 314

Le propriétaire doit lui communiquer les titres nécessaires. I. 315

Et lui procurer tout ce qui est nécessaire pour le
faire jouir. I. 210

Il peut faire couper les branches d'arbre du voisin
qui pendent sur le fonds usufruité. I. 317

Il peut faire des actes conservatoires pour le profit
du propriétaire. I. 326

V.

VAISSEAU. *Voyez* NAVIRE.

VEUVE.

VOL.

VUE.

FIN DE LA TABLE.

ERRATA.

Page 9 de l'Avertissement, ligne 16, *j'entends*, lisez *s'entend*.

TOME PREMIER.

Page 6, ligne 1, après les mots *ni l'autre*, supprimez le point.

—— ligne 2, après le mot *anciens*, mettez :

Page 14, ligne 21, *liv.* 6, lisez *l. ususfructus* 6.

Page 16, ligne 7, de *le*, lisez de *se*.

Page 41, ligne 16, *considérer*, lisez *constituer*.

Page 67, ligne 14, *promettait*, lisez *permettait*.

Page 70, ligne 2, après la loi, ajoutez *l. si ita legat.* 16, *D, de usu et habit.*

Page 74, ligne 14, dit-*elle*, lisez dit-*il*.

Page 80, ligne 2, *ne* lisez *en*.

Page 98, ligne pénult., *art.* 122, *n.* 8, lisez *art.* 125 *n.* 10.

Page 107, ligne 12, n. 9, lisez *l'article suivant*.

Page 121, ligne 18, ne *se*, lisez ne *le*.

Page 152, ligne 19, après *ut*, ajoutez *utrumque*.

Page 156, ligne 10, *murare*, lisez *mutare*.

Page 158, ligne 22, *laver*, lisez *laver*.

Page 173, *totale*, lisez *locale*.

Page 212, ligne 7, con*clu*, lisez con*cu*.

Page 219, ligne 10, *fruits*, lisez *frais*.

TOME SECOND.

Page 48, ligne 8, *trente* ans, lisez *dix* ans.

Page 89, ligne 23, *destruction*, lisez *construction*.

—— ligne 24, *construction*, lisez *destruction*

Page 127, ligne antipénultième, *défé*rence, lisez *diffé*rence.

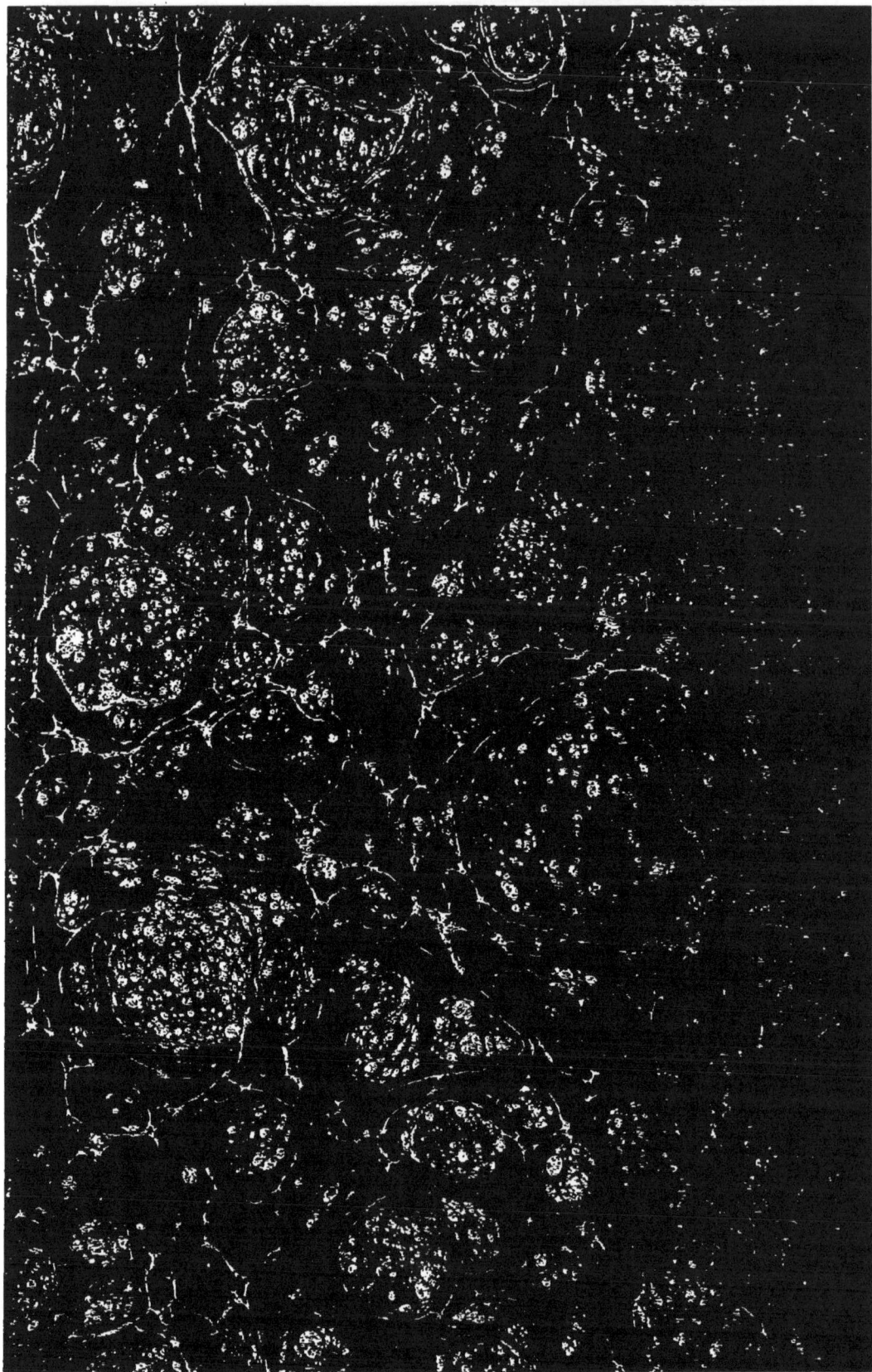

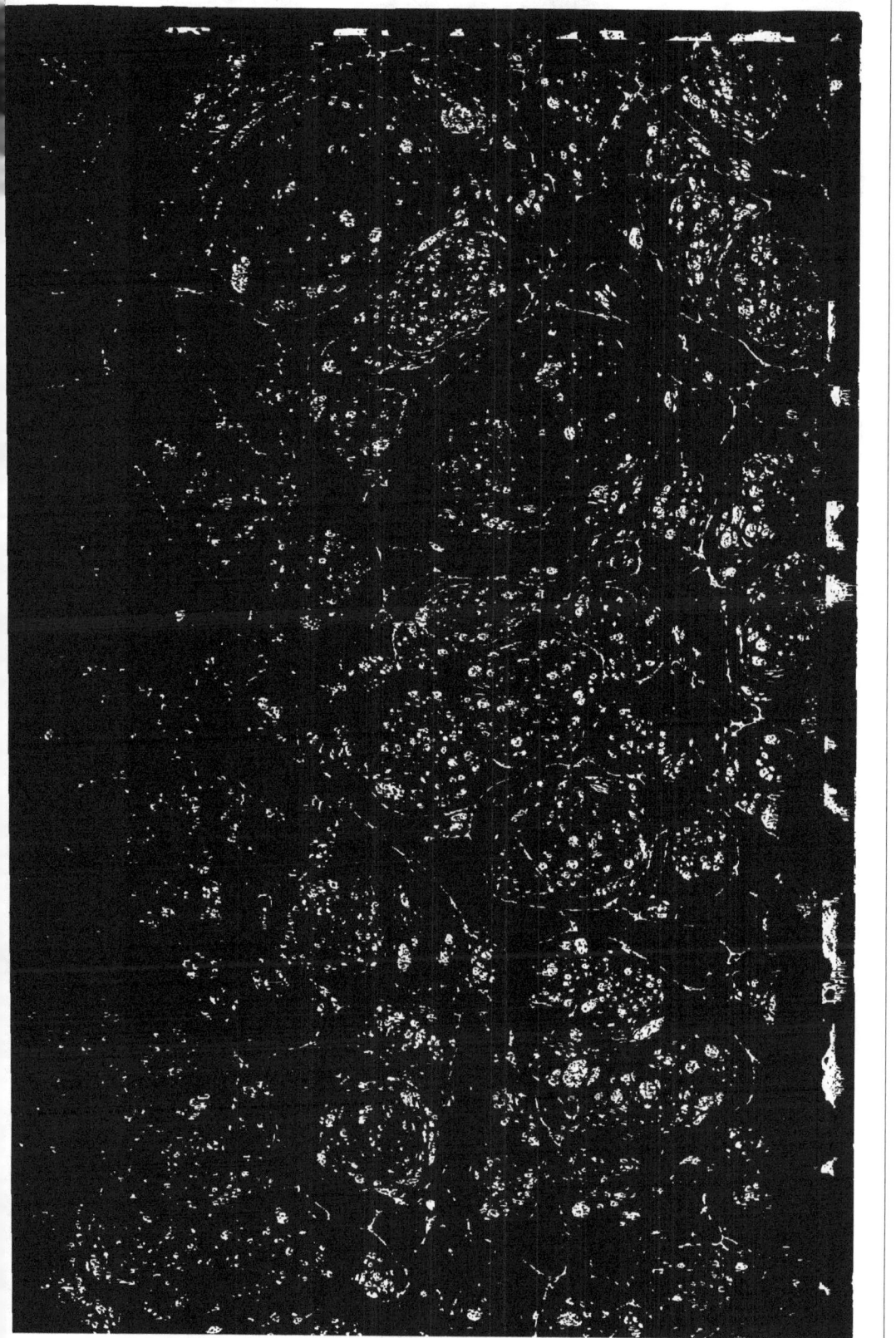

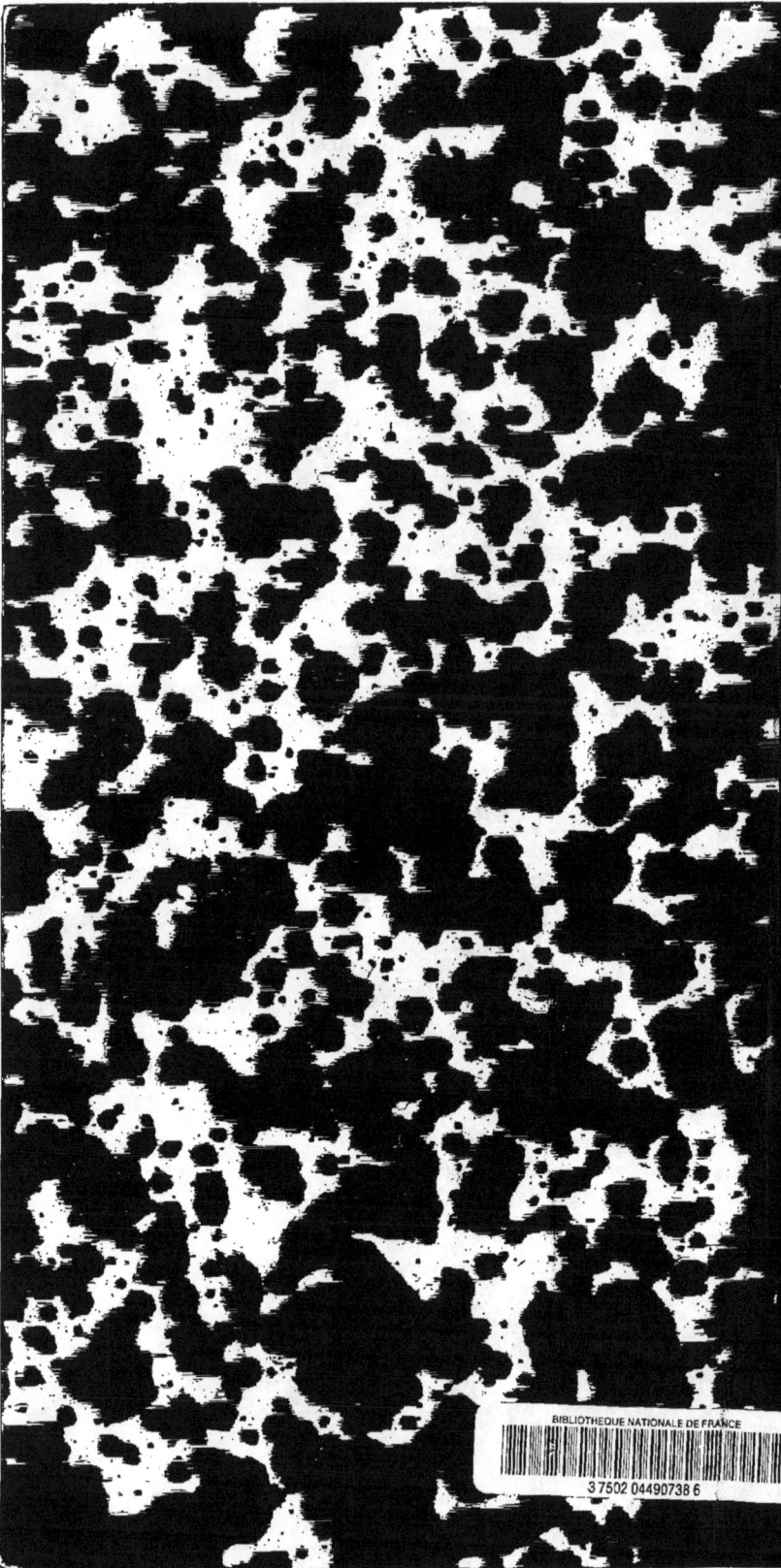